IL VIT, LE CHRIST

Pape François

IL VIT, LE CHRIST
CHRISTUS VIVIT

AUX JEUNES ET
À TOUT LE PEUPLE DE DIEU

Présentation de Antonio Spadaro sj

Parole et **S**ilence | LA CIVILTÀ CATTOLICA

ISBN 978-2-88959-078-0

Présentation

Antonio Spadaro sj
Directeur de La Civiltà Cattolica

Il est vivant et il te veut vivant! C'est ainsi que s'ouvre la nouvelle Exhortation apostolique du pape François, signée le 25 mars 2019. L'exclamation résume le sens profond du texte qui porte le titre latin de *Christus vivit.* «Vie», «vivant», «vivre» sont des termes qui reviennent 280 fois dans le document, tout comme le mot «jeunes», qui est le mot-clé de l'Exhortation. Une vie vécue en plénitude : tel est le pivot autour duquel s'articule l'ensemble du discours de François sur les jeunes. Les pages défilent à un rythme soutenu, pleines d'énergie, comme pour secouer, pour littéralement «exhorter» à une vie pleine.

La jeunesse n'existe pas : il y a des jeunes

Dans un livre-interview intitulé *Dieu est jeune*[1], François a souligné que «la jeunesse n'existe pas. Inconsciemment, lorsque nous parlons de jeunesse, nous faisons souvent référence aux mythes de la jeunesse. J'aime à penser que la jeunesse n'existe pas et qu'à sa place il y a des jeunes»[2]. Les jeunes ne peuvent être considérés comme une «caste» à part.

Bien sûr, nous pouvons dire avec saint Paul VI que l'âge de la jeunesse «ne doit pas être considéré comme l'âge des passions désordonnées, des chutes inévitables, des crises invincibles, des pessimismes décadents, des égoïsmes qui s'affichent; être jeune est une grâce, un bonheur»[3]. Et c'est une grâce et un bonheur réservés à tous, puisque nous sommes tous ou avons tous été jeunes. Parler des jeunes signifie donc parler de l'être humain. Au-delà de toute autre considération, l'Église éprouve l'instinct de bonheur et de plénitude de ceux qui s'ouvrent à la vie.

Christus vivit est le maillon d'une chaîne. Certes, le texte peut être lu comme un texte à part entière,

1 Pape François, *Dieu est jeune*, Robert Laffont, Paris, 2018.
2 Ibid.
3 Paul VI, Allocution pour la béatification de Nunzio Sulprizio, 1er décembre 1963.

mais il faut également avoir conscience que le pape a adopté un processus éditorial complexe et riche qui a impliqué des centaines de jeunes. Il s'agit de la XVe Assemblée générale ordinaire du Synode des Évêques sur le thème «Les jeunes, la foi et le discernement des vocations», qui s'est déroulée à Rome du 3 au 28 octobre 2018 et qui a produit un Document final. Parler des jeunes, c'est parler de promesses : chaque jeune a quelque chose du prophète. Le Synode a donc été appelé à saisir et interpréter cette prophétie. *Christus vivit* fait partie de ce travail herméneutique. L'Exhortation comprend neuf chapitres. Essayons de saisir les clés du discours de François.

Il est vivant et il te veut vivant !

Le chapitre d'ouverture consiste en un rapide aperçu de quelques figures bibliques de jeunes de l'Ancien et du Nouveau Testament. On lit avec goût justement parce que le pape n'a pas l'intention de faire de grands discours, mais de saisir de façon synthétique un trait, un geste, un acte… Des esquisses utiles à la composition d'un portrait symphonique. De là émerge un Dieu qui inspire les jeunes dans leurs rêves (Joseph) et qui cherche ses élus parmi ceux que les autres ne considèrent pas (David). Et ainsi apparaissent des jeunes sincères qui n'édulcorent pas la réalité (Gédeon), des jeunes fragiles qui savent être courageux (Samuel), des jeunes qui se sentent «perdus» devant leurs responsabilités, mais qui savent se conduire avec sagesse (Salomon) ou qui savent comment éveiller la conscience de leur peuple (Jérémie), des jeunes exemples de générosité dans la tribulation (Ruth) ou une jeune fille anonyme qui, au service de l'épouse de Naaman, commandant de l'armée du roi d'Aram, sait comment aider intelligemment son «maître».

La même démarche par esquisses est utilisée dans le Nouveau Testament, où les jeunes semblent disposés à faire un profond changement dans leur vie, à apprendre. Car, écrit François, «un jeune ne peut pas se décourager, il doit rêver de grandes choses, chercher de larges horizons, aspirer à plus, vouloir conquérir le monde, être capable d'accepter des propositions provocantes et souhaiter apporter le meilleur de lui-même pour construire quelque chose de meilleur.» (n. 15). Apparaît aussi un garçon qui a «renoncé à sa jeunesse» (n. 18). L'expression est forte et concerne une personne qui s'approche de Jésus à la recherche d'un «plus», puis s'en va triste. De même, renoncer à la jeunesse, c'est vivre de manière distraite, endormie, incapable «d'entrer au cœur de la vie» (n. 19).

Dans le deuxième chapitre, cette «jeunesse» prend forme. Nous n'avons pas seulement une phénoménologie des jeunes. Elle prend le visage de Jésus, dans lequel le pape reconnaît la jeunesse. Certains traits du Christ apparaissent aussi, sans renoncer à une certaine imagination pour le dépeindre.

Jésus apparaît comme un jeune homme plongé dans des relations. Lisons le portrait que François en fait : «Jésus était là, allant et venant parmi les gens, plaisantant avec les autres jeunes de son âge, écoutant les récits des adultes et partageant les joies et les tristesses de la caravane. Le terme grec utilisé par Luc pour désigner la caravane des pèlerins – *synodia* – indique précisément cette communauté en marche dont la Sainte Famille fait partie. Grâce à la confiance de ses parents, Jésus se déplace librement et apprend à marcher avec tous les autres» (n. 29)

Ce trait spécifique d'être dans la «caravane», que le pape n'hésite pas à relier au terme de «synode», c'est précisément l'événement ecclésial qui a généré cette Exhortation. Une Église synodale est une Église qui sait être jeune et sait se mêler au monde et au monde des relations, sans se replier dans un lieu élitiste et séparé. C'est une caravane : on discerne ici une image de l'Église. Mais aussi une manière de vivre dans le monde sur base de projets en «ne crée[ant] pas des projets qui isolent les jeunes de la famille et du monde, ou qui les transforment en une minorité sélectionnée et préservée de toute contagion. Nous avons plutôt besoin de projets qui les fortifient, les accompagnent et les lancent vers la rencontre avec les autres, vers le service généreux, vers la mission.» (n. 30).

L'inquiétude, la clé de la sainteté et de la mission de l'Église

Ainsi, l'Église est appelée à être (cf. n. 34-42) exempte de sclérose et d'immobilité, capable de se battre pour la justice, humble. Mais François est bien conscient que beaucoup de jeunes ne la considèrent pas comme importante pour leur existence. Parfois, ils la trouvent même agaçante et irritante (cf. n. 40). Si l'Église est défensive et n'écoute pas, elle devient alors un «musée» (n. 41). La question qui se pose alors est la suivante : comment l'Église peut-elle accueillir les rêves des jeunes?

Le pape ne reste pas abstrait et fournit d'autres esquisses, des petits portraits de 12 jeunes saints qui sont la suite naturelle des esquisses de figures bibliques : de saint Sébastien du IIIe siècle jusqu'à la bienheureuse Chiara Badano, décédée en 1990. En regardant les rêves et les besoins des jeunes, l'Église comprend sa propre identité profondément liée à sa tâche, à sa mission.

En Marie, le pape trouve pleinement l'image de l'Église. Mais il est intéressant de noter la façon dont il la caractérise comme celle qui est «prête à partir» (n. 46). En fin de compte, l'inquiétude est la clé de la sainteté et de la mission de l'Église.

Le troisième chapitre de l'Exhortation est consacré à la lecture de la situation de la jeunesse d'aujourd'hui et, partant de là, aux préoccupations qui en découlent. Cette lecture n'entend nullement être exhaustive, mais fait largement référence au document final du Synode. François écrit au tout début de *Christus vivit* : «Ainsi, ma parole sera chargée de mille voix de croyants du monde entier qui ont fait parvenir leurs opinions au Synode. Même les jeunes non-croyants, qui ont voulu prendre part par leurs réflexions, ont soulevé des questions qui ont suscité en moi de nouvelles interrogations» (n. 4).

La parole du pape prend donc en charge et même «charge» – presque électriquement – les voix des croyants et des non-croyants. Et il le fait avec un respect sacré. Il écrit : «Le cœur de chaque jeune doit donc être considéré comme une « terre sacrée », porteuse de semences de vie divine devant lesquelles nous devons« nous déchausser » pour pouvoir approcher et entrer en profondeur dans le Mystère» (n. 67).

Une méthode, confirmée par l'Exhortation apostolique de François, a émergé de la dynamique synodale : avant d'interpréter ou de faire des choix, nous devons écouter, nous devons reconnaître la réalité. Nous devons être « dérangés » par la réalité. Il n'est pas possible d'écouter les jeunes si nous ne marchons pas avec eux dans les rues du monde. Les pasteurs de l'Église, rassemblés dans la salle du Synode, étaient conscients que le message de l'Évangile dont l'Église a la garde ne pouvait pas être transmis si on ne descend pas dans la rue avec les jeunes qui peuvent aussi nous précéder dans le Peuple de Dieu. Au Synode, l'icône qui accompagnait la réflexion était celle des disciples d'Emmaüs, reprise également par François dans son Exhortation (voir n. 156, 236, 292, 296). L'ensemble du troisième chapitre de l'Exhortation confirme cette méthode du voyage.

La première observation qui ressort de l'écoute est que les voix sont trop différentes pour rester confondues en une seule. La polyphonie est indispensable. Nous l'avons dit au début : nous ne pouvons pas parler de «jeunes» en général. Si nous écoutons et commençons à marcher, toutes les différences et la diversité des voix émergent.

Jeunes dans un monde en crise

Et pourtant, malgré les différences, le pape n'hésite pas dans le titre d'un paragraphe à parler de «Jeunes dans un monde en crise». Et la crise est le résultat de la violence, de la persécution, d'abus, de dépendances, de l'exclusion sous toutes ses formes. Le pire dans tout cela, c'est «l'anesthésie» : s'habituer à cette colonisation de l'esprit et de l'âme, perdre sa sensibilité, s'arrêter de regarder et fermer les yeux sur ce qui est méprisé, pauvre, moche, mis au rebut.

L'antidote est là : il consiste à voir la réalité à travers des yeux pleins de larmes. Voici les questions de Francois : «Ai-je appris à pleurer? Ai-je appris à pleurer quand je vois un enfant qui a faim, un enfant drogué dans la rue, un enfant sans maison, un enfant abandonné, un enfant abusé, un enfant utilisé comme esclave par la société? Ou bien mes pleurs sont-ils les pleurs capricieux de celui qui pleure parce qu'il voudrait avoir quelque chose de plus?» (n. 76)

Le pape reconnaît chez les jeunes « désirs, blessures et recherches » et rappelle que le Synode a identifié trois thèmes d'une grande importance (cf. le document final n. 21-31 et l'Exhortation n. 86-102). Il les assume tels qu'ils sont et les mentionne abondamment. Ce sont : l'environnement numérique, les migrations et le drame des abus.

L'environnement numérique n'est pas seulement un outil de communication, mais aussi le contexte d'une culture largement numérisée. François identifie très clairement le numérique comme « un contexte de participation sociopolitique et de citoyenneté active » (n. 87). En ce sens, il s'agit d'un sujet d'actualité dans nos sociétés : un problème, mais aussi un défi à relever. Nous ne pouvons pas prétendre que le réseau n'existe pas et nous devons reconnaître que le consensus se forme également dans l'environnement numérique. Le malaise s'y exprime avant tout. Comment pouvons-nous vivre le web comme une forme de participation démocratique sans tomber dans des raccourcis démagogiques ?

Les migrations sont comprises comme un « paradigme de notre temps ». Le phénomène est également décrit dans ses effets de souffrance et d'abus, ainsi que de sentiments xénophobes. L'Église aujourd'hui est appelée à jouer un rôle prophétique. C'est certainement un autre sujet brûlant.

Le drame des abus se décline sous ses formes liées au pouvoir, à l'économie, à la conscience et à la sexualité. François commente : « Ce nuage noir devient aussi un défi pour les jeunes qui aiment Jésus-Christ et son Église, car leur apport peut être important face à cette blessure s'ils mettent en jeu leur capacité de renouveler, de revendiquer, d'exiger cohérence et témoignage, de rêver de nouveau et de réinventer » (n ° 100).

Un thème transversal dans l'Exhortation est celui de la défense des droits des femmes et de la nécessaire « réciprocité » (n. 42 et 81) entre hommes et femmes. Le pape en dit au n. 42 : « Une Église vivante peut réagir en prêtant attention aux revendications légitimes des femmes qui demandent plus de justice et d'égalité. Elle peut se rappeler l'histoire et reconnaître une large trame d'autoritarisme de la part des hommes, de soumission, de diverses formes d'esclavage, d'abus et de violence machiste. Grâce à ce regard, elle sera capable de faire siennes ces revendications de droits, et elle donnera sa contribution avec conviction pour une plus grande réciprocité entre hommes et femmes, bien qu'elle ne soit pas d'accord avec tout ce que proposent certains groupes féministes».

Notons le passage du vocabulaire de «complémentarité» à celui de «réciprocité». La complémentarité apparaît plus statique et donne un rôle aux femmes et un rôle aux hommes. D'une certaine manière, cela cristallise les relations dans un jeu de caractérisations qui ne comprend pas la vie concrète d'un couple homme-femme. La révélation chrétienne remet donc en cause une conception platonicienne de la nature humaine qui interprète la différence comme si elle était destinée à disparaître dans l'unité d'un amour d'où naîtrait, par fusion, l'être humain complet. Enfin, nous notons qu'au n. 245 François parle du manque «d'exemples de leadership féminin au sein de l'Église».

La «grande annonce»

Le quatrième chapitre est le chapitre central de l'Exhortation. Il est consacré à la «grande annonce pour tous les jeunes» et contient «trois grandes vérités que nous avons tous besoin d'entendre sans cesse» (n. 111).

Le premier est «Dieu t'aime». Le message est d'une simplicité désarmante. Et pourtant c'est précisément le point critique de l'annonce chrétienne.

« Si tu l'as déjà entendu, peu importe. Je veux te le rappeler : Dieu t'aime. N'en doute jamais, quoiqu'il arrive dans ta vie. Tu es aimé infiniment, en toutes circonstances » (n. 112). Surtout, Dieu n'est pas un disque dur. Sa mémoire est « un cœur tendre de compassion » (n. 115). Sans cette vérité dans le christianisme, tout s'effondre. Le travail pastoral de François visant à corriger une image fausse, poussiéreuse et lourde de Dieu est frappant. Nous avons surchargé l'image de Dieu avec des idées qui l'éloignent de sa véritable image « d'amoureux de la vie ».

La deuxième « grande vérité » que François exprime dans le quatrième chapitre de *Christus vivit* est que « le Christ, par amour, s'est livré jusqu'au bout pour nous sauver ». Et la vérité devient un appel à l'action : « Regarde le Christ, accroche-toi à lui, laisse-toi sauver » (n. 119).

Cet amour qui atteint la croix dépasse toutes nos faiblesses et nos contradictions. En effet, le Christ écrit avec nous son histoire d'amour précisément « à travers nos contradictions, notre fragilité et nos petitesses » (n. 120). Rien ni personne n'est rejeté par la croix.

La troisième est que Jésus-Christ vit : il vit ! Ce n'est pas simplement un bel exemple du passé.

François demande : «Contemplez Jésus heureux, débordant de joie. Réjouis-toi avec ton Ami qui a triomphé. Ils ont tué le saint, le juste, l'innocent, mais il a vaincu. Le mal n'a pas le dernier mot. Dans ta vie, le mal non plus n'aura pas le dernier mot, parce que l'Ami qui t'aime veut triompher en toi. Ton Sauveur vit» (n. 126). Il y a un triomphe, une formidable exultation dans ces paroles, comme si elles étaient le fruit direct de la joie de la résurrection. Cela convertit, et ce n'est certainement pas «une décision éthique ou une grande idée» (n. 129).

Voici donc les trois grandes vérités de la foi : «Dieu t'aime, le Christ est ton sauveur, il vit» (n. 130).

Voler avec vos pieds

Dans le cinquième chapitre de l'Exhortation, le pape se demande quels sont les changements sur le chemin de la jeunesse lorsqu'il est illuminé par l'Évangile. Quels sont les éléments de ce voyage ?

François procède en donnant à réfléchir, comme s'il donnait les points des Exercices Spirituels. Les articulations de son discours ne sont pas celles d'un traité académique, mais celles d'un texte qui doit nourrir le lecteur, lui donnant des indications pour une méditation spirituelle et existentielle.

Rêves et choix. La jeunesse est comprise comme l'âge des rêves. Mais le pape réfléchit sur le fait que la rencontre avec le Seigneur fait grandir et mûrit des rêves qui, autrement, resteraient abstraits. La foi ouvre les gens à la responsabilité : voilà l'essentiel. L'inquiétude est considérée comme le moteur de la croissance parce qu'elle ouvre le cœur et le maintient ouvert (cf. n. 138), mais cette condition ne reste pas indéterminée : elle doit conduire à des choix. Quand François voit un garçon ou une fille à la recherche de son chemin, il voit une personne «au pied agile qui cherche sa voie» (n. 139). Cette expression est magnifique et pourrait suffire. Et pourtant le pape ressent le besoin de la clarifier : «le jeune marche avec ses deux pieds comme les adultes, mais à la différence des adultes, qui les gardent bien parallèles, il en a toujours un devant l'autre, sans cesse prêt à partir, à bondir» (n. 139). Parler des pieds c'est donc parler de promesses qui ouvrent la voie à des choix, c'est-à-dire à la vie vécue. Le jeune est suffisamment «fou» pour pouvoir se tromper lui-même, mais il dispose également de ressources suffisantes pour pouvoir se guérir de la déception qui peut en découler (cf. n. 139) et ainsi avancer.

Envie de vivre et d'expérimenter. Ainsi, le chemin des jeunes est projeté vers l'avenir et ils disposent des énergies nécessaires pour contrebalancer les déceptions de l'histoire. En réalité, le problème peut être l'anxiété (cf. n. 142), qui devient un ennemi quand on découvre que le résultat de son action n'est pas immédiat et que l'on devient effrayé, incertain et paralysé. Le pape s'identifie à la situation d'un jeune homme aux prises avec ces tensions. Il voit également le risque qu'elles génèrent de l'insatisfaction ou des attitudes irresponsables et incontrôlées. Son message est une avancée claire, sachant que la Parole de Dieu nous invite à vivre le présent et non pas seulement à préparer demain (cf. n. 147).

L'amitié. L'amitié est un élément important de la vie d'un jeune. Le pape écrit que, grâce aux amis, le Seigneur nous aide à mûrir. La présence d'amis à nos côtés dans les moments difficiles est le reflet de l'affection du Seigneur, de sa consolation et de sa tendre présence. Avoir des amis nous apprend à nous ouvrir, à sortir de notre isolement, à partager notre vie (cf. n. 151). Et c'est la forme privilégiée de la relation d'un jeune avec le Christ : non pas l'extériorité d'une adhésion intellectuelle, mais la précieuse intimité de l'amitié.

Croissance et imagination. L'enthousiasme des jeunes doit s'accompagner de croissance et de maturité afin de ne pas disparaître pour des raisons de sécurité et de confort. Ne manquez pas la grande ouverture. Le pape mentionne ici son expérience personnelle et fait une confession : «Quand j'ai commencé mon ministère de pape, le Seigneur m'a élargi les horizons et m'a offert une nouvelle jeunesse» (cf. 160). Cette phrase est un splendide aperçu de la vie du pape. Cette maturation qui ouvre et élargit les horizons devient une prophétie de stimulation pour ceux qui nous entourent (cf. n. 162).

Fraternité. La maturation s'exprime dans l'ouverture aux autres, véritable forme «d'extase», écrit le pape. C'est la reconnaissance d'une fraternité radicale. Pour en témoigner, il cite les évêques d'un pays qui a connu des luttes fratricides : le Rwanda.

Engagement. En ce sens, le pape encourage le regroupement qui s'ouvre à l'engagement, même au sein de petits groupes. Il parle de «charité sociale» et de «charité politique», de «citoyenneté active», de «solidarité sociale» : autant d'expressions d'un engagement concret en faveur de la construction d'une nouvelle société. Il y a une expression qui revient fréquemment dans le langage de François et qui résume la forme de l'engagement par excellence : «l'amitié sociale», beaucoup plus intense que le terme «cohésion», bien que noble. Cette amitié est le fruit de la convergence de «l'énergie communautaire» (n. 172).

Mission. Enfin, François tient à souligner que cet engagement n'a pas de frontières ni de limites. L'Évangile est pour tout le monde et pas seulement pour ceux qui en sont plus proches ou y sont plus sensibles. La tâche de chacun est de transformer le monde avec énergie, audace et créativité.

Des branches dans le ciel et des racines dans la terre

Le ton de l'Exhortation est clairement lié à l'énergie nécessaire pour changer le monde aujourd'hui (et pas seulement à partir de demain ou à l'avenir). Mais François prend tout un chapitre pour déclarer l'importance des racines. L'avenir sans passé s'envole, les jeunes sans histoire ni tradition courent le risque de l'idéologie pure, du mythe, de la manipulation ou de la superficialité : «la rupture entre générations n'a jamais aidé le monde et ne l'aidera jamais» (n. 191).

L'Église est une pirogue – a dit l'un des jeunes auditeurs du Synode, originaire des Îles Samoa – où les anciens aident à garder la direction en interprétant la position des étoiles et les jeunes, en dialogue avec eux, rament avec force. Le pape a rappelé son intervention et l'a de nouveau proposée dans l'Exhortation *Christus vivit*, concluant que nous devrions tous monter dans la même embarcation pour bâtir un monde meilleur (cf. n. 201). Pour François, le jeune homme ou la jeune femme est un prophète, mais il ne peut vraiment prophétiser qu'en écoutant les rêves de ceux qui l'ont précédé sur le chemin de la vie : des rêves faits sur la base d'une longue expérience.

Il est significatif que, dans le cadre du Synode, un événement ait été organisé pour présenter le livre *La saggezza del tempo*[4], auquel le pape lui-même a assisté, qui a recueilli les questions des personnes âgées et des jeunes sur le thème des relations intergénérationnelles. Le volume est un recueil de témoignages de personnes âgées du monde entier avec lesquelles le pontife interagit, commente ou partage ses expériences personnelles. Le pape écrit maintenant en reprenant ce volume : « Dans le livre *Partager la sagesse du temps*, j'ai exprimé certains souhaits sous forme de requêtes : "Qu'est-ce que je demande aux anciens parmi lesquels je me compte moi-même ? Je demande que nous soyons les gardiens de la mémoire. Les grands-pères et les grands-mères doivent former un chœur. Je

4 Traduction Française : Pape François, *Partager la sagesse du temps*, Editions Fidélité Namur, 2018.

m'imagine les anciens comme le chœur permanent d'un grand sanctuaire spirituel, dans lequel les prières de demande et les chants de louange soutiennent la communauté tout entière qui travaille et lutte sur le terrain de la vie". C'est beau que "les jeunes hommes, aussi les vierges, les vieillards avec les enfants louent le nom du Seigneur"» (*Ps* 148, 12-13) (n. 196).

Ne pas perdre le feu

Le septième chapitre est entièrement consacré à la «pastorale des jeunes», c'est-à-dire à l'action éducative avec laquelle l'Église accompagne les jeunes et les encourage à jouer un rôle moteur. Le pape part de l'expérience de jeunes qui, parfois, dans des structures traditionnelles, ne trouvent pas de réponses à leurs préoccupations, leurs besoins, leurs problèmes et leurs blessures (cf. n. 202). Les jeunes demandent plus de leadership.

La planification en tant que stratégie et la «réunion» en tant que modèle d'action ne suffisent pas. Il faut plus. Le pape utilise les mots «créativité», «audace», «ruse», «ingéniosité» (cf. n. 203-204). François indique deux grandes lignes d'action. Ce sont la recherche et l'engagement qui attirent de nouveaux jeunes à l'expérience du Seigneur ; et la croissance, le développement d'un chemin de maturation pour ceux qui ont vécu cette expérience.

Le pape demande que, dans la pastorale, on ne coure pas le risque terrible que les jeunes « perdent le feu » (n. 212). Cela ne doit pas arriver. « Si les jeunes ont grandi dans un monde de cendres, il est difficile qu'ils puissent entretenir le feu des grands désirs et des projets. S'ils ont grandi dans un désert vide de sens, comment pourront-ils avoir envie de se sacrifier pour semer ? » (n. 216).

Et il est clair que le feu s'éteint lorsque l'expérience de la rencontre avec le Christ devient « endoctrinement » (n. 214) : « Beaucoup de jeunes se lassent de nos itinéraires de formation doctrinale, et même spirituelle, et parfois ils réclament la possibilité d'être davantage protagonistes dans des activités où ils font quelque chose pour les gens » (n. 225).

L'Évangile réduit à la doctrine est un Évangile fade, incompréhensible et distant, séparé des cultures des jeunes et ne convenant peut-être qu'à une élite de jeunes « différents », qui flottent dans l'isolement sans vie et sans fertilité. Et ainsi « nous arrachons ou nous étouffons des milliers de pousses qui essaient de croître au milieu des limites» (n. 232).

L'Église n'est pas un «bunker»

Un chapitre très important est consacré à la pastorale dans les établissements d'enseignement. Le pape est très direct et dur en affirmant qu'il existe «certains collèges catholiques semblent être organisés seulement pour leur préservation. La phobie du changement fait qu'ils ne peuvent pas tolérer l'incertitude et qu'ils se replient face aux risques, réels ou imaginaires, que tout changement entraîne» (n. 221).

L'image utilisée par François est très forte : «L'école transformée en "bunker" qui protège des erreurs "de l'extérieur", est l'expression caricaturale de cette tendance. Cette image reflète d'une manière choquante ce que beaucoup de jeunes éprouvent à la sortie de certains établissements éducatifs : une inadéquation insurmontable entre ce qu'ils leur ont appris et le monde dans lequel ils doivent vivre» (n. 221).

Ici, il ne s'agit pas seulement du contenu enseigné, mais du type de personnes que nous voulons former. «Même les propositions religieuses et morales qu'ils ont reçues ne les ont pas préparés à les confronter avec un monde qui les ridiculise, et ils n'ont pas appris comment prier et vivre leur foi d'une manière qui puisse être facilement soutenue au milieu du rythme de cette société» (n. 221). Voici au contraire l'une des «plus grandes joies d'un éducateur» : «voir un étudiant se constituer lui-même comme une personne forte, intégrée, protagoniste et capable de donner» (n. 221).

Le chemin de la recherche et de la demande permet de former une personnalité adulte capable de faire des choix avec discernement et d'adhérer à la foi en toute maturité. On pourrait dire que le modèle du bunker est diamétralement opposé à celui de «l'hôpital de campagne», dont le pape a souvent parlé et qui indique l'espace d'une force qui aide à guérir les plaies du monde. L'appel de François pour une pastorale populaire à jouer un rôle de premier plan est également très fort.

Vocation et discernement

Les deux derniers chapitres de l'Exhortation sont consacrés à la «vocation» et au «discernement». Ce sont des sujets largement abordés dans *Gaudete et exsultate*. François les reprend ici à la lumière de l'expérience synodale.

Au début du huitième chapitre de *Christus vivit* – consacré à la vocation – François écrit que « dans le discernement d'une vocation, il est important de voir si l'on reconnaît en soi-même les capacités nécessaires pour ce service spécifique de la société » (n. 255). Le service pour les autres est généralement lié à deux questions fondamentales : la formation d'une nouvelle famille et le travail.

La famille est une confrontation directe avec une vision de la vie individualiste et désengagée, prisonnière de la solitude et de l'isolement. François insiste fortement sur l'importance de la « capacité à se livrer pleinement à une personne, de manière exclusive et généreuse » (n. 265).

Le travail fait partie intégrante d'une vie humaine pleine et remplie. François l'a souvent répété, réunissant les trois « T » : terre, toit et travail. Son discours devant les « mouvements populaires » du 5 novembre 2016 est mémorable. François écrit : « Bien que le travail puisse ne pas les aider à atteindre leurs rêves, il est important pour les jeunes adultes cultiver une vision, d'apprendre à travailler d'une manière vraiment personnelle et satisfaisante pour leur vie et de continuer à discerner l'appel de Dieu » (n. 268).

«Zapping» et discernement

La vie en tant que vocation nécessite un espace de silence intérieur. Nous devons sortir du zapping existentiel constant. François en avait parlé dans *Gaudete et exsultate* au n. 167 et le répète ici. En effet, aujourd'hui «il est possible de naviguer simultanément sur deux ou trois écrans et d'interagir en même temps sur différents lieux virtuels». Face aux multiples tâches de la vie, nous avons besoin de la sagesse du discernement. Si cela faisait défaut, le risque pour nous tous serait de «devenir facilement en marionnettes à la merci des tendances du moment» (n. 279). Le silence et le calme servent au discernement. François propose une liste de questions auxquelles il faut répondre dans le silence : «Est-ce que je me connais moi-même, au-delà des apparences et des sensations? Est-ce que je sais ce qui rend mon cœur heureux ou triste? Quelles sont mes forces et mes faiblesses? D'autres questions suivent immédiatement : Comment puis-je mieux servir et être plus utile au monde et à l'Église? Quelle est ma place sur cette terre? Qu'est-ce que je pourrais offrir à la société? Puis d'autres suivent réalistes : ai-je les compétences nécessaires pour rendre ce service? Ou pourrais-je les acquérir et les développer?» (n. 285).

Le discernement pour François – rappelons-le – ne consiste pas en une sagesse pour les doctes, les savants, les éclairés. Le discernement est un charisme : « Il ne requiert pas de capacités spéciales ni n'est réservé aux plus intelligents et aux plus instruits, et le Père se manifeste volontiers aux humbles (cf. Mt 11, 25) », écrivait le pape dans *Gaudete et exsultate* (GE 170). Mais avant tout « le discernement n'est pas une auto-analyse intimiste, une introspection égoïste, mais une véritable sortie de nous-mêmes vers le mystère de Dieu qui nous aide à vivre la mission à laquelle il nous a appelés pour le bien des frères » (GE 175).

Dans *Christus vivit*, François se concentre sur la manière d'aider les autres à discerner le chemin de sa vie. La première chose à faire – écrit-il – est d'écouter. Et cette écoute implique trois sensibilités différentes et complémentaires (cf. n. 292-294).

Le premier est l'attention portée à la personne avec le temps nécessaire et l'écoute inconditionnelle. La seconde est la capacité de saisir le point précis dans lequel la grâce ou la tentation est en action. Cette écoute est orientée de manière à reconnaître le bon esprit, mais aussi les pièges du mauvais esprit, ses déceptions et ses séductions. La troisième attention est l'écoute profonde de ce vers quoi l'autre veut vraiment aller, ce qu'il veut être, au-delà de l'enveloppe des sentiments.

Le discernement est un processus qui nécessite un accompagnement et présuppose la liberté. Il n'y a pas de recettes. C'est la grande leçon que François offre aux jeunes d'aujourd'hui : les aider à reconnaître que leur destin et celui du monde sont entre leurs mains. Leur engagement, à la lumière de la foi, est vocation et mission.

** *

Le monde et l'Église ont besoin de l'enthousiasme et de la responsabilité des jeunes, ainsi que de leurs intuitions et de leur foi. Les jeunes peuvent courir plus vite. C'est pourquoi le pape conclut son Exhortation avec sagesse et humilité en écrivant : «Lorsque vous arrivez là où nous ne sommes pas encore arrivés, ayez la patience de nous attendre» (n. 299).

EXHORTATION APOSTOLIQUE POST-SYNODALE

CHRISTUS VIVIT

DU SAINT-PÈRE

FRANÇOIS

AUX JEUNES
ET À TOUT LE PEUPLE DE DIEU

1. IL VIT, LE CHRIST, notre espérance et il est la plus belle jeunesse de ce monde. Tout ce qu'il touche devient jeune, devient nouveau, se remplit de vie. Les premières paroles que je voudrais adresser à chacun des jeunes chrétiens sont donc : Il vit et il te veut vivant !

2. Il est en toi, il est avec toi et jamais ne t'abandonne. Tu as beau t'éloigner, le Ressuscité est là, t'appelant et t'attendant pour recommencer. Quand tu te sens vieilli par la tristesse, les rancœurs, les peurs, les doutes ou les échecs, il sera toujours là pour te redonner force et espérance.

3. A vous tous, jeunes chrétiens, j'écris avec affection cette Exhortation apostolique, c'est-à-dire une lettre qui rappelle certaines convictions de foi et qui, en même temps, encourage à grandir en sainteté et dans l'engagement de sa propre vocation. Mais étant donné qu'il s'agit d'une balise sur un chemin synodal, je m'adresse en même temps à tout le peuple de Dieu, à ses pasteurs et à ses fidèles, car la réflexion sur les jeunes et pour les jeunes nous interpelle et nous stimule tous. Par conséquent, dans certains paragraphes, je m'adresserai directement aux jeunes et, dans d'autres, je ferai des approches plus générales pour le discernement ecclésial.

4. Je me suis laissé inspirer par la richesse des réflexions et des échanges du Synode de l'année passée. Je ne pourrai pas présenter ici toutes les contributions, que vous pourrez lire dans le Document final, mais j'ai essayé d'inclure dans la rédaction de cette lettre les propositions qui m'ont paru les plus significatives. Ainsi, ma parole sera chargée de mille voix de croyants du monde entier qui ont fait parvenir leurs opinions au Synode. Même les jeunes non croyants, qui ont voulu y prendre part par leurs réflexions, ont soulevé des questions qui ont suscité en moi de nouvelles interrogations.

CHAPITRE 1

QUE DIT LA PAROLE DE DIEU SUR LES JEUNES ?

5. Recueillons certains trésors des Saintes Écritures, où, à plusieurs reprises, on parle des jeunes et de la façon dont le Seigneur va à leur rencontre.

Dans l'Ancien Testament

6. A une époque où les jeunes comptaient peu, certains textes montrent que Dieu a sur eux un autre regard. Par exemple, nous voyons que Joseph était presque le plus jeune de la famille (cf. *Gn* 37, 2-3). Toutefois, Dieu lui communiquait de grandes choses en rêve et il a dépassé tous ses frères dans les tâches importantes lorsqu'il avait environ vingt ans (cf. *Gn* 37-47).

7. En Gédéon, nous reconnaissons la sincérité des jeunes, qui n'ont pas l'habitude d'édulcorer la réalité. Quand on lui a annoncé que le Seigneur était avec lui, il a répondu : « Si Yahvé est avec nous, d'où vient tout ce qui nous arrive ? » (*Jg* 6, 13). Mais Dieu ne s'est pas senti offensé par ce reproche et a doublé la mise pour lui : « Va avec la force qui t'anime et tu sauveras Israël » (*Jg* 6, 14).

8. Samuel était un jeune peu sûr de lui-même, mais le Seigneur parlait avec lui. Sur le conseil

d'un adulte, il a ouvert son cœur pour écouter l'appel de Dieu : « Parle, Seigneur, car ton serviteur écoute » (*1 S* 3, 9-10). C'est pourquoi il a été un grand prophète qui est intervenu en des moments importants pour sa patrie. Le roi Saül, lui aussi, était jeune quand le Seigneur l'a appelé à accomplir sa mission (cf. *1 S* 9, 2).

9. Le roi David a été choisi alors qu'il était un jeune garçon. Quand le prophète Samuel était à la recherche du futur roi d'Israël, un homme lui a présenté comme candidats ses enfants aînés et les plus expérimentés. Mais le prophète a fait savoir que l'élu était le jeune David qui gardait les brebis (cf. *1 S* 16, 6-13), car « l'homme regarde à l'apparence, mais le Seigneur regarde au cœur » (v. 7). La gloire de la jeunesse était plus dans le cœur que dans la force physique ou dans l'impression que l'on donne aux autres.

10. Salomon, quand il a dû succéder à son père, s'est senti perdu et a dit à Dieu : « Moi, je suis un tout jeune homme, je ne sais pas agir en chef » (*1 R* 3, 7). Cependant, l'audace de la jeunesse l'a amené à demander à Dieu la sagesse et il s'est consacré à sa mission. Quelque chose de semblable est arrivé au prophète Jérémie appelé, alors qu'il était très jeune, à réveiller son peuple. Dans son désarroi, il a dit : « Ah! Seigneur, vraiment, je ne sais pas parler, car je suis un enfant ! » (*Jr* 1, 6). Mais le Seigneur lui a demandé de ne pas dire cela (cf. *Jr* 1, 7), et il a ajouté : « N'aie aucune crainte en leur présence car je suis avec toi pour te délivrer » (*Jr* 1, 8).

Le dévouement du prophète Jérémie dans sa mission montre ce qui est possible si le courage de la jeunesse s'allie à la force de Dieu.

11. Une jeune juive, qui était au service du soldat étranger Naman, est intervenue avec foi pour l'aider à se soigner de sa maladie (cf. *2 R* 5, 2-6). La jeune Ruth a été un exemple de générosité en restant avec sa belle-mère tombée en disgrâce (cf. *Rt* 1, 1-18), et elle a montré également son audace en allant de l'avant dans la vie (cf. *Rt* 4, 1-17).

Dans le Nouveau Testament

12. Une parabole de Jésus (cf. *Lc* 15, 11-32) raconte que le "plus jeune" fils a voulu partir de la maison paternelle pour un pays lointain (cf. vv. 12.13). Mais ses rêves d'autonomie se sont transformés en libertinage et en débauche (cf. vv. 12-13) et il a éprouvé la rigueur de la solitude et de la pauvreté (cf. vv. 14-16). Toutefois, il a su se reprendre pour un nouveau départ (cf. vv. 17-19) et il a décidé de se lever (cf. v. 20). C'est la caractéristique du cœur jeune d'être disponible au changement, d'être capable de se relever et de se laisser instruire par la vie. Comment ne pas accompagner le fils dans cette nouvelle tentative ? Mais le frère aîné avait déjà le cœur vieilli et il s'est laissé posséder par l'avidité, l'égoïsme et l'envie (cf. vv. 28-30). Jésus fait plus l'éloge du jeune pécheur qui retrouve le bon chemin que l'éloge de celui qui se croit fidèle mais ne vit pas l'esprit d'amour et de miséricorde.

13. Jésus, l'éternel jeune, veut nous faire don d'un cœur toujours jeune. La Parole de Dieu nous demande : « Purifiez-vous du vieux levain pour être une pâte nouvelle » (*1 Co* 5, 7). Elle nous invite en même temps à nous dépouiller du "vieil homme" pour revêtir l'homme "nouveau" (cf. *Col* 3, 9.10).[1] Et quand elle explique ce que signifie se revêtir de cette jeunesse qui se renouvelle (cf. v.10), elle affirme qu'il s'agit de revêtir « des sentiments de tendre compassion, de bienveillance, d'humilité, de douceur, de patience, et de se supporter les uns les autres en se pardonnant mutuellement » (*Col* 3, 12-13). Cela signifie que la vraie jeunesse, c'est avoir un cœur capable d'aimer. En revanche, ce qui vieillit l'âme, c'est tout ce qui nous sépare des autres. Mais elle conclut ainsi : « Par-dessus tout, ayez la charité, en laquelle se noue la perfection » (*Col* 3, 14).

14. Remarquons que Jésus n'appréciait pas que les personnes adultes regardent avec mépris les plus jeunes ou les maintiennent à leur service de manière despotique. Au contraire, il demandait : « Que le plus grand parmi vous se comporte comme le plus jeune, et celui qui gouverne comme celui qui sert » (*Lc* 22, 26). Pour lui, l'âge n'établissait pas de privilèges, et le fait que quelqu'un soit moins âgé ne signifiait pas qu'il valait moins ou qu'il avait moins de dignité.

[1] Le même mot grec traduit par "nouveau" est utilisé pour exprimer "jeune".

15. La Parole de Dieu dit qu'il faut traiter les jeunes gens « comme des frères » (1 *Tm* 5, 1), et elle recommande aux parents : « N'exaspérez pas vos enfants, de peur qu'ils ne se découragent » (*Col* 3, 21). Un jeune ne peut pas se décourager, il doit rêver de grandes choses, chercher de larges horizons, aspirer à plus, vouloir conquérir le monde, être capable d'accepter des propositions provocantes et souhaiter apporter le meilleur de lui-même pour construire quelque chose de meilleur. Voilà pourquoi j'invite avec insistance les jeunes à ne pas se laisser dérober l'espérance, et je répète à chacun : « Que personne ne méprise ton jeune âge » (*1 Tm* 4, 12).

16. Cependant, en même temps, il est recommandé aux jeunes : « Soyez soumis aux anciens (*1 P* 5, 5). La Bible invite toujours à un profond respect envers les anciens, car ils possèdent un trésor d'expérience, ont connu les succès et les échecs, les joies et les grandes angoisses de la vie, les illusions et les déceptions, et ils gardent, dans le silence de leur cœur, beaucoup d'histoires qui peuvent nous aider à ne pas nous tromper ni nous laisser entraîner par de faux mirages. La parole d'un aîné sage invite à respecter certaines limites et à savoir se dominer au bon moment : « Exhorte également les jeunes gens à garder en tout la pondération » (*Tt* 2, 6). Il ne convient pas de tomber dans un culte de la jeunesse, ou dans une attitude juvénile qui méprise les autres à cause de leur âge, ou parce qu'ils sont d'une autre époque.

Jésus disait que la personne sage est capable de tirer de son trésor aussi bien du nouveau que du vieux (cf. *Mt* 13, 52). Un jeune sage s'ouvre à l'avenir, mais il est toujours capable de recueillir quelque chose de l'expérience des autres.

17. Dans l'Évangile de Marc, apparaît une personne qui, lorsque Jésus lui rappelle les commandements, dit : « Tout cela, je l'ai observé dès ma jeunesse » (10, 20). Le psalmiste l'affirmait déjà : « Car c'est toi mon espoir, Seigneur, [...] ma foi dès ma jeunesse. [...] Tu m'as instruit dès ma jeunesse, et jusqu'ici j'annonce tes merveilles » (71, 5.17). Il ne faut pas regretter de passer sa jeunesse en étant bon, en ouvrant son cœur au Seigneur, en vivant d'une autre manière. Rien de tout cela ne nous ôte la jeunesse mais plutôt la renforce et la renouvelle : « Ta jeunesse se renouvelle comme celle de l'aigle » (*Ps* 103, 5). C'est pourquoi saint Augustin déplorait : « Je t'ai aimée bien tard, Beauté si ancienne et si nouvelle, je t'ai aimée bien tard ! ».[2] Mais cet homme riche, qui avait été fidèle à Dieu dans sa jeunesse, a laissé le temps lui ôter les rêves et a préféré continuer à s'attacher à ses biens (cf. *Mc* 10, 22).

18. En revanche, dans l'Évangile de Matthieu, se présente un jeune (cf. 19, 20.22) qui s'approche de Jésus pour lui demander davantage (cf. v. 20), avec cet esprit ouvert propre aux jeunes en recherche de nouveaux horizons et de grands défis. En réalité,

[2] *Confessions*, X, 27: *PL* 32, 795.

son esprit n'était pas si jeune, car il était attaché aux richesses et au confort. Il disait en paroles qu'il voulait quelque chose de plus, mais quand Jésus lui a demandé d'être généreux et de partager ses biens, il s'est rendu compte qu'il était incapable de se dépouiller de ce qu'il possédait. En fin de compte, en « entendant cette parole, le jeune homme s'en alla contristé, car il avait de grands biens » (v. 22). Il avait renoncé à sa jeunesse.

19. L'Évangile nous parle également de quelques jeunes filles prudentes, qui étaient vigilantes et attentives, tandis que d'autres étaient distraites et endormies (cf. *Mt* 25, 1-13). En effet, on peut passer sa jeunesse en étant distrait, en vivant superficiellement, endormi, incapable de cultiver des relations profondes et d'entrer au cœur de la vie. On prépare ainsi un avenir pauvre, sans substance. Ou bien on peut passer sa jeunesse à cultiver de belles et grandes choses, et ainsi on prépare un avenir rempli de vie et de richesse intérieure.

20. Si tu as perdu la vigueur intérieure, les rêves, l'enthousiasme, l'espérance et la générosité, Jésus se présente à toi comme il l'a fait pour l'enfant mort de la veuve, et avec toute sa puissance de Ressuscité le Seigneur t'exhorte : « Jeune homme, je te le dis, lève-toi » (*Lc* 7, 14).

21. Il y a sans doute beaucoup d'autres textes de la Parole de Dieu qui peuvent nous éclairer sur cette étape de la vie. Nous recueillerons certains d'entre eux dans les prochains chapitres.

CHAPITRE 2

JÉSUS-CHRIST TOUJOURS JEUNE

22. Jésus est « jeune parmi les jeunes afin d'être un exemple pour les jeunes et les consacrer au Seigneur ».[3] C'est pourquoi le Synode a affirmé que « la jeunesse est une période originale et stimulante de la vie, que Jésus lui-même a vécue, en la sanctifiant ».[4] Que nous dit l'Évangile concernant la jeunesse de Jésus ?

La jeunesse de Jésus

23. Le Seigneur « rendit l'esprit » (*Mt* 27, 50) sur une croix, alors qu'il avait un peu plus de trente ans (cf. *Lc* 3, 23). Il est important de prendre conscience du fait que Jésus était un jeune. Il a donné sa vie à un âge considéré aujourd'hui comme l'âge d'un jeune adulte. Il a commencé sa mission publique dans la plénitude de sa jeunesse, et ainsi, « une grande lumière » (*Mt* 4, 16) s'est manifestée, surtout quand il a donné sa vie jusqu'à la fin. Cette fin n'a pas été improvisée, mais toute

[3] Saint Irénée, *Contre les hérésies*, II, 22, 4: *PG* 7, 784.

[4] *Document Final de la XVème Assemblée Générale Ordinaire du Synode des Évêques*, n. 60. Par la suite, ce document sera désigné par le sigle *DF*. On peut le trouver sur http://www.vatican.va/roman_curia/synod/documents/rc_synod_doc_20181027_doc-final-instrumentum-xvassemblea-giovani_fr.html

sa jeunesse a été une précieuse préparation, à chacun de ses moments, car « tout dans la vie de Jésus est signe de son mystère »[5] et « toute la vie du Christ est mystère de Rédemption ».[6]

24. L'Évangile ne parle pas des premières années de la vie de Jésus, mais nous raconte certains événements de son adolescence et de sa jeunesse. Matthieu situe cette période de la jeunesse du Seigneur entre deux événements : le retour de sa famille à Nazareth, après le temps de l'exil, et son baptême dans le Jourdain où a commencé sa mission publique. Les dernières images de l'enfant Jésus sont celles d'un petit réfugié en Égypte (cf. *Mt* 2, 14-15) et ensuite celle d'un rapatrié à Nazareth (cf. *Mt* 2, 19-23). Les premières images de Jésus, jeune adulte, sont celles qui nous le présentent dans la foule près des bords du Jourdain, pour se faire baptiser par son cousin Jean-Baptiste, comme l'un parmi tant d'autres de son peuple (cf. *Mt* 3, 13-17).

25. Ce baptême n'était pas comme le nôtre, qui nous introduit dans la vie de la grâce, mais il a été une consécration avant le début de la grande mission de sa vie. L'Évangile dit que son baptême a été source de la joie et de la satisfaction du Père : « Tu es mon fils [bien-aimé] » (*Lc* 3, 22). Ensuite, Jésus est apparu rempli de l'Esprit Saint et a été conduit par l'Esprit au désert. Il était ainsi

[5] *Catéchisme de l'Église catholique*, n. 515.
[6] *Ibid.*, n. 517.

préparé pour sortir prêcher et faire des prodiges, pour libérer et guérir (cf. *Lc* 4, 1-14). Tout jeune est ainsi invité, lorsqu'il se sent appelé à accomplir une mission sur cette terre, à reconnaître en lui-même ces mêmes paroles que Dieu le Père lui dit: "Tu es mon fils bien-aimé".

26. Parmi ces récits, il y en a un qui montre Jésus en pleine adolescence. C'est lorsqu'il retourne avec ses parents à Nazareth, après qu'ils l'aient perdu et retrouvé au Temple (cf. *Lc* 2, 41-51). Il est dit qu'il leur "était soumis" (cf. *Lc* 2, 51), car il ne reniait pas sa famille. Ensuite, Luc ajoute que Jésus « croissait en sagesse, en taille et en grâce devant Dieu et devant les hommes » (*Lc* 2, 52). C'est-à-dire qu'il était en train de se préparer et que, en cette période, il approfondissait sa relation avec le Père et avec les autres. Saint Jean-Paul II explique qu'il ne grandissait pas seulement physiquement mais qu'il « y eut aussi une croissance spirituelle de Jésus » car « la plénitude de grâce en Jésus était relative à l'âge : il y avait toujours plénitude, mais une plénitude qui croissait avec l'âge ».[7]

27. Par ces données des Évangiles, nous pouvons dire qu'à l'étape de sa jeunesse, Jésus s'est "formé", il s'est préparé pour réaliser le projet que le Père avait pour lui. Il a orienté son adolescence et sa jeunesse vers cette mission suprême.

[7] *Catéchèse* (27 juin 1990), 2-3: *L'Osservatore Romano*, éd. française, n. 27 du 3 juillet 1990, p. 12.

28. Durant l'adolescence et la jeunesse, sa relation avec le Père était celle du Fils bien-aimé ; attiré par le Père, il grandissait en s'occupant de ses affaires : « Ne saviez-vous pas que je dois être dans la maison de mon Père ? » (*Lc* 2, 49). Toutefois, il ne faut pas penser que Jésus était un adolescent solitaire ou un jeune enfermé sur lui-même. Sa relation avec les gens était celle d'un jeune qui partageait toute la vie d'une famille bien intégrée dans le peuple. Il a appris le travail de son père et l'a ensuite remplacé comme charpentier. C'est pourquoi on l'appelle une fois dans l'Évangile « le fils du charpentier » (*Mt* 13,55), et une autre fois simplement « le charpentier » (*Mc* 6,3). Ce détail montre qu'il était un jeune homme ordinaire de son peuple, qui entretenait des relations normales. Personne ne le considérait comme un jeune étrange ou séparé des autres. C'est précisément pourquoi, lorsque Jésus a commencé à prêcher, les gens ne s'expliquaient pas d'où il tirait cette sagesse : « N'est-il pas le fils de Joseph, celui-là ? » (*Lc* 4, 22).

29. Le fait est que « Jésus n'a pas grandi non plus dans une relation fermée et exclusive avec Marie et Joseph, mais se déplaçait volontiers dans la famille élargie incluant parents et amis ».[8] Nous comprenons ainsi pourquoi, revenant de pèlerinage à Jérusalem, ses parents avaient l'esprit tranquille en pensant que le garçon de douze

[8] Exhort. ap. postsynodale *Amoris laetitia* (19 mars 2016), n. 182: *AAS* 108 (2016), 384.

ans (cf. *Lc* 2, 42) marchait librement avec les autres, même s'ils ne l'avaient pas vu de toute la journée : « Le croyant dans la caravane, ils firent une journée de chemin » (*Lc* 2, 44). Certainement – pensaient-ils – Jésus était là, allant et venant parmi les gens, plaisantant avec les autres jeunes de son âge, écoutant les récits des adultes et partageant les joies et les tristesses de la caravane. Le terme grec utilisé par Luc pour désigner la caravane des pèlerins – *synodia* – indique précisément cette communauté en marche dont la Sainte Famille fait partie. Grâce à la confiance de ses parents, Jésus se déplace librement et apprend à marcher avec tous les autres.

Sa jeunesse nous éclaire

30. Ces aspects de la vie de Jésus peuvent inspirer tout jeune qui grandit et se prépare pour réaliser sa mission. Cela implique qu'il faut mûrir dans la relation avec le Père, conscient d'être membre de la famille et du peuple, se disposer à être comblé de l'Esprit et à être conduit pour réaliser la mission que Dieu confie, sa propre vocation. Rien de cela ne devrait être ignoré dans la pastorale des jeunes, pour qu'on ne crée pas des projets qui isolent les jeunes de la famille et du monde, ou qui les transforment en une minorité sélectionnée et préservée de toute contagion. Nous avons plutôt besoin de projets qui les fortifient, les accompagnent et les lancent vers la rencontre avec les autres, vers le service généreux, vers la mission.

31. Vous les jeunes, Jésus ne vous éclaire pas de loin ou du dehors, mais dans votre jeunesse même qu'il partage avec vous. Il est très important de contempler le Jésus jeune que nous montrent les Évangiles, car il a été vraiment l'un de vous, et en lui on peut reconnaître beaucoup de caractéristiques des cœurs jeunes. Nous le voyons, par exemple, à travers les caractéristiques suivantes : « Jésus a eu une confiance inconditionnelle dans le Père, il a pris soin de l'amitié avec ses disciples et, même dans les moments de crise, il y est resté fidèle. Il a manifesté une profonde compassion à l'égard des plus faibles, spécialement des pauvres, des malades, des pécheurs et des exclus. Il a eu le courage d'affronter les autorités religieuses et politiques de son temps; il a fait l'expérience d'être incompris et rejeté ; il a éprouvé la peur de la souffrance et connu la fragilité dans la Passion ; il a tourné son regard vers l'avenir, en se remettant entre les mains sûres du Père et en se confiant à la force de l'Esprit. En Jésus, tous les jeunes peuvent se retrouver ».[9]

32. Par ailleurs, Jésus est ressuscité et il veut nous faire participer à la nouveauté de sa résurrection. Il est la vraie jeunesse d'un monde vieilli, et il est aussi la jeunesse d'un univers qui attend, « en travail d'enfantement » (*Rm* 8, 22), d'être revêtu de sa lumière et de sa vie. Près de lui, nous pouvons boire à la vraie source qui garde vivants

[9] *DF*, n. 63.

nos rêves, nos projets, nos grands idéaux, et qui nous lance dans l'annonce de la vie qui vaut la peine. Dans deux curieux détails de l'Évangile de Marc, on peut remarquer l'appel à la vraie jeunesse des ressuscités. D'une part, dans la passion du Seigneur, apparaît un jeune peureux qui a essayé de suivre Jésus mais qui a fui nu (cf. *Mc* 14, 51-52), un jeune qui n'a pas eu la force de tout risquer pour suivre le Seigneur. En revanche, près du tombeau vide, nous voyons un jeune « vêtu d'une robe blanche » (*Mc* 16, 5) qui invitait à se départir de la peur et qui annonçait la joie de la résurrection (cf. *Mc* 16, 6-7).

33. Le Seigneur nous appelle à allumer des étoiles dans la nuit d'autres jeunes, il nous invite à regarder les vrais astres, ces signes si variés qu'il nous donne pour que nous ne restions pas figés, mais imitions le semeur qui les regardait pour pouvoir labourer son champ. Dieu allume pour nous des étoiles pour que nous continuions à marcher : « Les étoiles brillent à leur poste, joyeuses : les appelle-t-il, elles répondent : Nous voici ! » (*Ba* 3, 34-35). Mais le Christ lui-même est pour nous la grande lumière d'espérance et la boussole dans notre nuit, car il est « l'étoile radieuse du matin » (*Ap* 22, 16).

La jeunesse de l'Église

34. Avant d'être un âge, être jeune est un état d'esprit. Il en résulte qu'une institution si ancienne que l'Église peut se renouveler et se rajeunir

aux diverses étapes de sa très longue histoire. En réalité, dans les moments les plus tragiques, elle sent l'appel à retourner à l'essentiel du premier amour. En se souvenant de cette vérité, le Concile Vatican II a affirmé que « riche d'un long passé toujours vivant en elle, et marchant vers la perfection humaine dans le temps et vers les destinées ultimes de l'histoire et de la vie, elle est la vraie jeunesse du monde ». En elle, il est toujours possible de rencontrer le Christ, « le compagnon et l'ami des jeunes ».[10]

Une Église qui se laisse renouveler

35. Demandons au Seigneur de délivrer l'Église des personnes qui veulent la faire vieillir, la scléroser dans le passé, la figer, l'immobiliser. Demandons-lui également de la délivrer d'une autre tentation : croire qu'elle est jeune parce qu'elle cède à tout ce que le monde lui offre ; croire qu'elle se renouvelle parce qu'elle cache son message et qu'elle imite les autres. Non ! Elle est jeune quand elle est elle-même, quand elle reçoit la force toujours nouvelle de la Parole de Dieu, de l'Eucharistie, de la présence du Christ et de la force de son Esprit chaque jour. Elle est jeune quand elle est capable de retourner inlassablement à sa source.

36. En tant que membres de l'Église, il est certain que nous ne devons pas être des personnes

[10] Conc. Œcum. Vat. II, *Message aux jeunes* (8 décembre 1965): *AAS* 58 (1966), 18.

étranges. Tous doivent sentir que nous sommes frères et proches, comme les Apôtres qui « avaient la faveur de tout le peuple » (*Ac* 2,47; cf. 4, 21.33; 5,13). Mais, en même temps, nous devons oser être différents, afficher d'autres rêves que ce monde n'offre pas, témoigner de la beauté de la générosité, du service, de la pureté, du courage, du pardon, de la fidélité à sa vocation, de la prière, de la lutte pour la justice et le bien commun, de l'amour des pauvres, de l'amitié sociale.

37. L'Église du Christ peut toujours succomber à la tentation de perdre l'enthousiasme parce qu'elle n'écoute plus l'appel du Seigneur au risque de la foi, l'appel à tout donner sans mesurer les dangers, et qu'elle recommence à chercher de fausses sécurités mondaines. Ce sont précisément les jeunes qui peuvent l'aider à rester jeune, à ne pas tomber dans la corruption, à ne pas s'installer, à ne pas s'enorgueillir, à ne pas se transformer en secte, à être plus pauvre et davantage témoin, à être proche des derniers et des marginalisés, à lutter pour la justice, à se laisser interpeller avec humilité. Ils peuvent apporter à l'Église la beauté de la jeunesse quand ils stimulent la capacité « de se réjouir de ce qui commence, de se donner sans retour, de se renouveler et de repartir pour de nouvelles conquêtes ».[11]

38. Ceux d'entre nous qui ne sont plus jeunes ont besoin d'occasions pour rester proches de

[11] *Ibid.*

leur voix et de leur enthousiasme, et « la proximité crée les conditions pour faire de l'Église un espace de dialogue et un fascinant témoignage de fraternité »[12]. Il nous faut créer plus d'espaces où résonne la voix des jeunes : « L'écoute rend possible un échange de dons, dans un contexte d'empathie. [...] En même temps, elle pose les conditions d'une annonce de l'Évangile qui atteigne vraiment le cœur, de façon percutante et féconde ».[13]

Une Église attentive aux signes des temps

39. « Si, pour beaucoup de jeunes, Dieu, la religion et l'Église semblent des mots vides, ils sont sensibles à la figure de Jésus, lorsqu'elle est présentée de façon attrayante et efficace ».[14] C'est pourquoi il est nécessaire que l'Église ne soit pas trop attentive à elle-même mais qu'elle reflète surtout Jésus-Christ. Cela implique qu'elle reconnaisse avec humilité que certaines choses concrètes doivent changer, et que pour cela il faut aussi prendre en compte la vision, voire les critiques des jeunes.

40. Au cours du Synode, il a été reconnu « qu'un nombre important de jeunes, pour les raisons les plus diverses, ne demandent rien à l'Église car ils considèrent qu'elle n'est pas signi-

[12] *DF*, n. 1.
[13] *Ibid.*, n. 8.
[14] *Ibid.*, n. 50.

ficative pour leur existence. Certains demandent même expressément qu'elle les laisse tranquilles, car ils ressentent sa présence comme désagréable, sinon irritante. Cette requête ne naît pas, la plupart du temps, d'un mépris acritique ou impulsif, mais s'enracine dans des raisons sérieuses et respectables : les scandales sexuels et économiques, l'inadaptation des ministres ordonnés qui ne savent pas saisir de façon appropriée la sensibilité des jeunes, le manque de préparation des homélies et de la présentation de la Parole de Dieu, le rôle passif assigné aux jeunes à l'intérieur de la communauté chrétienne, les difficultés de l'Église à rendre raison de ses positions doctrinales et éthiques face à la société contemporaine ».[15]

41. Même s'il y a des jeunes qui se réjouissent de voir une Église se montrant humblement sûre de ses dons et de sa capacité de faire une critique loyale et fraternelle, d'autres jeunes réclament une Église qui écoute davantage, qui ne soit pas toujours à condamner le monde. Ils ne veulent pas voir une Église silencieuse et timide, ni toujours en guerre sur deux ou trois thèmes qui l'obsèdent. Pour être crédible face aux jeunes, elle a parfois besoin de retrouver l'humilité et d'écouter simplement, de reconnaître dans ce que disent les autres la présence d'une lumière qui l'aide à mieux découvrir l'Évangile. Une Église sur la défensive,

[15] *Ibid.*, n. 53.

qui n'a plus l'humilité, qui cesse d'écouter, qui ne permet pas qu'on l'interpelle, perd la jeunesse et devient un musée. Comment pourra-t-elle accueillir de cette manière les rêves de ces jeunes ? Bien qu'elle possède la vérité de l'Évangile, cela ne signifie pas qu'elle l'ait comprise pleinement ; il lui faut au contraire toujours grandir dans la compréhension de ce trésor inépuisable.[16]

42. Par exemple, une Église trop craintive et trop structurée peut être continuellement critique face aux discours sur la défense des droits des femmes, et signaler constamment les risques et les erreurs possibles de ces revendications. Par contre, une Église vivante peut réagir en prêtant attention aux revendications légitimes des femmes qui demandent plus de justice et d'égalité. Elle peut se rappeler l'histoire et reconnaître une large trame d'autoritarisme de la part des hommes, de soumission, de diverses formes d'esclavage, d'abus et de violence machiste. Grâce à ce regard, elle sera capable de faire siennes ces revendications de droits, et elle donnera sa contribution avec conviction pour une plus grande réciprocité entre hommes et femmes, bien qu'elle ne soit pas d'accord avec tout ce que proposent certains groupes féministes. Dans cette ligne, le Synode veut renouveler l'engagement de l'Église contre « toute discrimination et toute violence

[16] Cf. CONC. ŒCUM. VAT. II, Const. dogm. *Dei Verbum*, sur la révélation divine, n. 8.

liées à l'orientation sexuelle ».[17] C'est la réaction d'une Église qui se révèle jeune et qui se laisse interpeller et stimuler par la sensibilité des jeunes.

Marie, la jeune femme de Nazareth

43. Marie resplendit dans le cœur de l'Église. Elle est le grand modèle pour une Église jeune, qui veut suivre le Christ avec courage et docilité. Quand elle était très jeune, elle a reçu l'annonce de l'ange et ne s'est pas privée de poser des questions (cf. *Lc* 1, 34). Mais elle avait une âme disponible et elle a dit : « Je suis la servante du Seigneur » (*Lc* 1, 38).

44. « Le force du "oui" de Marie, une jeune, impressionne toujours. La force de ce "qu'il en soit ainsi" qu'elle dit à l'ange. Ce fut une chose différente d'une acceptation passive ou résignée. Ce fut quelque chose d'autre qu'un "oui" voulant dire : on verra bien ce qui va se passer. Marie ne connaissait pas cette expression : attendons de voir. Elle était résolue, elle a compris de quoi il s'agissait et elle a dit « oui », sans détour. Ce fut quelque chose de plus, quelque chose de différent. Ce fut le "oui" de celle qui veut s'engager et risquer, de celle qui veut tout parier, sans autre sécurité que la certitude de savoir qu'elle était porteuse d'une promesse. Et je demande à chacun de vous : vous sentez-vous porteurs d'une promesse ? Quelle promesse est-ce que je

[17] *DF*, n. 150.

porte dans le cœur, à poursuivre ? Marie, sans aucun doute, aura eu une mission difficile, mais les difficultés n'étaient pas une raison pour dire "non". Certes elle aura des difficultés, mais ce ne seront pas les mêmes difficultés qui apparaissent quand la lâcheté nous paralyse du fait que tout n'est pas clair ni assuré par avance. Marie n'a pas acheté une assurance sur la vie ! Marie s'est mise en jeu, et pour cela elle est forte, pour cela elle est une *influencer*, elle est l'*influencer* de Dieu ! Le "oui" et le désir de servir ont été plus forts que les doutes et les difficultés ».[18]

45. Sans s'évader ni céder à des mirages, « elle a su accompagner la souffrance de son Fils, [...] le soutenir par le regard et le protéger avec le cœur. Douleur qu'elle a subie, mais qui ne lui a pas fait baisser les bras. Elle a été la femme forte du "oui", qui soutient et accompagne, protège et prend dans ses bras. Elle est la grande gardienne de l'espérance.[...] D'elle nous apprenons à dire "oui" à la patience obstinée et à la créativité de ceux qui ne sont pas affaiblis et qui recommencent ».[19]

46. Marie est la jeune fille à l'âme noble qui tressaille de joie (cf. *Lc* 1, 47), aux yeux illuminés

[18] *Discours de la veillée des XXXIV*[èmes] *Journées Mondiales de la Jeunesse* à *Panama* (26 janvier 2019): *L'Osservatore Romano*, éd. française, n. 6 du 5 février 2019, p. 9.

[19] *Prière à la fin du Chemin de Croix lors des XXXIV*[èmes] *Journées Mondiales de la Jeunesse* à *Panama* (25 janvier 2019): *L'Osservatore Romano*, éd. française, n. 6 du 5 février 2019, p. 8.

par l'Esprit Saint qui contemple la vie avec foi et garde tout dans son cœur (cf. *Lc* 2, 19.51). Elle est cette femme attentive, prête à partir, qui lorsqu'elle apprend que sa cousine a besoin d'elle, ne pense pas à ses projets, mais se met en marche vers la montagne « en hâte » (*Lc* 1, 39).

47. Et quand il faut protéger son enfant, la voilà partie avec Joseph dans un pays lointain (cf. *Mt* 2, 13-14). Et elle reste au milieu des disciples réunis en prière dans l'attente de l'Esprit Saint (cf. *Ac* 1, 14). Ainsi, en sa présence, naît une Église jeune, avec ses Apôtres en sortie pour faire naître un monde nouveau (cf. *Ac* 2, 4-11).

48. Cette jeune fille est aujourd'hui la Mère qui veillent sur ses enfants, sur nous ses enfants qui marchent dans la vie souvent fatigués, démunis, mais souhaitant que la lumière de l'espérance ne s'éteigne pas. Voilà ce que nous voulons : que la lumière de l'espérance ne s'éteigne pas. Notre Mère regarde ce peuple pèlerin, peuple de jeunes qu'elle aime, qui la cherche en faisant silence dans le cœur, même si, sur le chemin, il y a beaucoup de bruit, de conversations et de distractions. Mais, aux yeux de la Mère, seul convient le silence chargé d'espérance. Et ainsi, Marie éclaire toujours notre jeunesse.

Des jeunes saints

49. Le coeur de l'Église est aussi riche de jeunes saints qui ont offert leur vie pour le Christ, et

pour beaucoup en allant jusqu'au martyre. Ils ont été de précieux reflets du Christ jeune qui brillent pour nous stimuler et pour nous sortir du sommeil. Le Synode a souligné que « beaucoup de jeunes saints ont fait resplendir les traits de l'âge juvénile dans toute leur beauté et ont été, à leur époque, de véritables prophètes du changement ; leurs exemples nous montrent de quoi sont capables les jeunes quand ils s'ouvrent à la rencontre avec le Christ ».[20]

50. « A travers la sainteté des jeunes, l'Église peut relancer son ardeur spirituelle et sa vigueur apostolique. Le baume de la sainteté engendrée par la bonté de la vie de tant de jeunes peut soigner les blessures de l'Église et du monde, en nous ramenant à la plénitude de l'amour à laquelle nous sommes appelés depuis toujours : les jeunes saints nous poussent à revenir à notre premier amour (cf. *Ap* 2, 4) ».[21] Il y a des saints qui n'ont pas connu l'âge adulte et qui nous ont laissé le témoignage d'une autre manière de vivre la jeunesse. Souvenons-nous au moins de certains d'entre eux, de différentes époques de l'histoire, qui ont vécu la sainteté chacun à sa manière :

51. Au IIIème siècle, saint Sébastien était un jeune capitaine de la garde prétorienne. On raconte qu'il parlait du Christ partout et cherchait à convertir ses compagnons, jusqu'à ce qu'on lui

[20] *DF*, n. 65.
[21] *Ibid.*, n. 167.

demande de renoncer à sa foi. Comme il n'accepta pas, on fit pleuvoir sur lui une multitude de flèches, mais il survécut et continua à annoncer le Christ sans peur. En fin de compte, ils le flagellèrent à mort.

52. Saint François d'Assise était très jeune et rempli de rêves. Il a écouté l'appel de Jésus à être pauvre comme lui et à restaurer l'Église par son témoignage. Il renonça à tout avec joie et il est le saint de la fraternité universelle, le frère de tous, qui louait le Seigneur pour ses créatures. Il est mort en 1226.

53. Sainte Jeanne d'Arc est née en 1412. C'était une jeune paysanne qui, malgré son jeune âge, a lutté pour défendre la France contre les envahisseurs. Incomprise à cause de sa manière d'être et de vivre la foi, elle est morte sur le bûcher.

54. Le bienheureux André Phû Yên était un jeune vietnamien du XVIIème siècle. Il était catéchiste et aidait les missionnaires. Il a été emprisonné pour sa foi, et comme il ne voulait pas y renoncer, il a été assassiné. Il est mort en disant : « Jésus ».

55. Au cours du même siècle, sainte Kateri Tekakwitha, une jeune laïque native d'Amérique du Nord, a subi une persécution pour sa foi et a fui en marchant plus de trois cents kilomètres dans une épaisse forêt. Elle s'est consacrée à Dieu et elle est morte en disant : "Jésus, je t'aime !".

56. Saint Dominique Savio offrait à Marie toutes ses souffrrances. Quand saint Jean Bosco lui apprit que la sainteté suppose qu'on soit toujours joyeux, il ouvrit son cœur à une joie contagieuse. Il cherchait à être proche de ses compagnons les plus marginalisés et malades. Il est mort en 1857 à quatorze ans, en disant : "Quelle merveille je vois !".

57. Sainte Thérèse l'Enfant-Jésus est née en 1873. Elle parvint à entrer dans un couvent de carmélites, à quinze ans, en traversant beaucoup de difficultés. Elle a vécu la petite voie de la confiance totale en l'amour du Seigneur et s'est proposé de nourrir par sa prière le feu de l'amour qui anime l'Église.

58. Le bienheureux Ceferino Namuncurá était un jeune argentin, fils d'un important chef de peuples autochtones. Il parvint à devenir séminariste salésien, brûlant du désir de retourner dans sa tribu pour conduire les gens à Jésus-Christ. Il est mort en 1905.

59. Le bienheureux Isidore Bakanja était un laïc du Congo qui témoignait de sa foi. Il a été torturé longtemps pour avoir proposé le christianisme à d'autres jeunes. Il est mort en 1909 en pardonnant à son bourreau.

60. Le bienheureux Pier Giorgio Frassati, mort en 1925, était « un jeune d'une joie contagieuse, une joie qui dépassait les nombreuses difficultés

de sa vie ».[22] Il disait qu'il essayait de répondre à l'amour de Jésus qu'il recevait dans la communion, en visitant et en aidant les pauvres.

61. Le bienheureux Marcel Callo était un jeune français mort en 1945. Il fut emprisonné en Autriche dans un camp de concentration, où il réconfortait dans la foi ses compagnons de captivité, au milieu de durs travaux.

62. La jeune bienheureuse Chiara Badano, morte en 1990, « fit l'expérience de la manière dont la souffrance peut être transfigurée par l'amour [...] La clé de sa paix et de sa joie était sa pleine confiance dans le Seigneur, et l'acceptation de la maladie comme expression mystérieuse de sa volonté pour son bien et celui des autres ».[23]

63. Qu'eux tous, ainsi que beaucoup d'autres jeunes qui souvent ont vécu à fond l'Évangile dans le silence et dans l'anonymat, intercèdent pour l'Église afin qu'elle soit remplie de jeunes joyeux, courageux et engagés, qui offrent au monde de nouveaux témoignages de sainteté.

[22] SAINT JEAN-PAUL II, *Discours aux jeunes à Turin* (13 avril 1980), 4: *Insegnamenti* 3, 1 (1980), 905.

[23] BENOÎT XVI, *Message pour les XXVII*ème *Journées Mondiales de la Jeunesse* (15 mars 2012): *AAS* 104 (2012), 359: *L'Osservatore Romano*, éd. française, n. 13 du 29 mars 2012, p. 4.

CHAPITRE 3

VOUS ÊTES L'AUJOURD'HUI DE DIEU

64. Après avoir consulté la Parole de Dieu, nous ne pouvons pas seulement dire que les jeunes sont l'avenir du monde. Ils sont le présent, ils l'enrichissent par leur contribution. Un jeune n'est plus un enfant, il se trouve dans une période de la vie où il commence à assumer diverses responsabilités, en participant avec les adultes au développement de la famille, de la société, de l'Église. Mais les temps changent et l'interrogation se fait entendre : Comment sont les jeunes aujourd'hui, qu'est-ce qui leur arrive à présent ?

En positif

65. Le Synode a reconnu que les fidèles de l'Église n'ont pas toujours l'attitude de Jésus. Au lieu de nous disposer à les écouter à fond, « la tendance prévaut d'apporter des réponses toutes faites et de proposer des recettes toutes prêtes, sans laisser émerger les questions des jeunes dans leur nouveauté, ni saisir ce qu'elles ont de provocant ».[24] Au contraire, quand l'Église abandonne les schémas rigides et s'ouvre à l'écoute disponible et attentive des jeunes, cette empathie

[24] *DF*, n. 8.

l'enrichit car « elle permet aux jeunes d'apporter quelque chose à la communauté, en l'aidant à percevoir des sensibilités nouvelles et à se poser des questions inédites ».[25]

66. Aujourd'hui, nous les adultes, nous courons le risque de dresser une liste de calamités, de défauts de la jeunesse actuelle. Certains pourraient nous applaudir parce que nous semblerions habiles à trouver des points négatifs et dangereux. Mais quel serait le résultat de cette attitude ? Toujours plus de distance, moins de proximité, moins d'aide mutuelle.

67. La clairvoyance de ceux qui ont été appelés à être père, pasteur ou guide des jeunes consiste à trouver la petite flamme qui continue de brûler, le roseau sur le point de se briser (cf. *Is* 42, 3), mais qui cependant ne se rompt pas encore. C'est la capacité de trouver des chemins là où d'autres ne voient que des murailles, c'est l'habileté à reconnaître des possibilités là où d'autres ne voient que des dangers. Le regard de Dieu le Père est ainsi, capable de valoriser et d'alimenter les semences de bien semées dans les cœurs des jeunes. Le cœur de chaque jeune doit donc être considéré comme une "terre sacrée", porteuse de semences de vie divine devant lesquelles nous devons "nous déchausser" pour pouvoir nous approcher et entrer en profondeur dans le Mystère.

[25] *Ibíd.*

68. Nous pourrions essayer de décrire les caractéristiques des jeunes d'aujourd'hui, mais avant tout, je veux rappeler une mise en garde des Pères synodaux : « La composition même du Synode a rendu visible la présence et l'apport des diverses régions du monde, en mettant en évidence la beauté d'être une Église universelle. Malgré un contexte de mondialisation croissante, les Pères synodaux ont demandé de mettre en relief les nombreuses différences entre les divers contextes et cultures, ainsi qu'à l'intérieur même d'un pays. Il existe une pluralité de mondes jeunes, si bien que dans certains pays on tend à utiliser le terme "jeunesses" au pluriel. De plus, la tranche d'âge concernée par le présent Synode (16-29 ans) ne représente pas un ensemble homogène, mais elle est composée de groupes qui vivent des situations particulières ».[26]

69. Déjà du point de vue démographique, il y a beaucoup de jeunes dans certains pays, tandis que d'autres ont un taux de natalité très bas. Mais « une autre différence découle de l'histoire, qui fait que les pays et les continents d'antique tradition chrétienne, où la culture est porteuse d'une mémoire à conserver, sont différents des pays et continents marqués, en revanche, par d'autres traditions religieuses, où le christianisme constitue une présence minoritaire, et parfois récente. Par ailleurs, dans d'autres territoires, les commu-

[26] *Ibid.*, n. 10.

nautés chrétiennes et les jeunes qui en font partie font l'objet de persécution ».[27] Il faut aussi distinguer les jeunes « qui ont accès à une quantité croissante d'occasions offertes par la mondialisation, de ceux qui vivent en marge de la société ou dans le monde rural, et qui pâtissent des effets de diverses formes d'exclusion et de rejet ».[28]

70. Il y a beaucoup d'autres différences qu'il serait complexe de détailler ici. Par conséquent, je n'estime pas opportun de m'arrêter pour fournir une analyse exhaustive sur les jeunes dans le monde actuel, sur la manière dont ils vivent et sur ce qui leur arrive. Mais comme il m'est aussi impossible de ne pas regarder la réalité, je présenterai brièvement certaines contributions parvenues avant le Synode, et d'autres que j'ai pu recueillir au cours du Synode même.

Ce que vivent parfois les jeunes

71. La jeunesse n'est pas une chose qu'on peut analyser de manière abstraite. En réalité, "la jeunesse" n'existe pas ; il y a des jeunes avec leurs vies concrètes. Dans le monde actuel, marqué par les progrès, beaucoup de ces vies sont exposées à la souffrance et à la manipulation.

Des jeunes dans un monde en crise

72. Les Pères synodaux ont souligné avec douleur que « beaucoup de jeunes vivent dans des

[27] *Ibíd.*, n. 11.
[28] *Ibíd.*, n. 12.

contextes de guerre et subissent la violence sous une innombrable variété de formes : enlèvements, extorsions, criminalité organisée, traite d'êtres humains, esclavage et exploitation sexuelle, viols de guerre, etc. D'autres jeunes, à cause de leur foi, ont du mal à trouver un emploi dans leur société et subissent différents types de persécutions, pouvant aller jusqu'à la mort. Nombreux sont les jeunes qui, par contrainte ou par manque d'alternatives, vivent en perpétrant des crimes et des violences : enfants soldats, bandes armées et criminelles, trafic de drogue, terrorisme, etc. Cette violence brise beaucoup de jeunes vies. Les abus et les dépendances, tout comme la violence et les déviances, figurent parmi les raisons qui conduisent les jeunes en prison, avec une incidence particulière dans certaines groupes ethniques et sociaux ».[29]

73. De nombreux jeunes sont endoctrinés, instrumentalisés et utilisés comme chair à canon ou comme une force de choc pour détruire, intimider ou ridiculiser les autres. Et le pire, c'est que beaucoup deviennent individualistes, ennemis et méfiants envers tout le monde, si bien qu'ils deviennent la proie facile d'offres déshumanisantes et de plans destructeurs qu'élaborent des groupes politiques ou des pouvoirs économiques.

74. Cependant « encore plus nombreux dans le monde sont les jeunes qui souffrent de formes de

[29] *Ibíd.*, n. 41.

marginalisation et d'exclusion sociale, pour des raisons religieuses, ethniques ou économiques. Rappelons la situation difficile d'adolescentes et de jeunes filles qui se trouvent enceintes, la plaie de l'avortement, de même que la diffusion du VIH, les diverses formes de dépendance (drogues, jeux de hasard, pornographie, etc.) et la situation des enfants et des jeunes de la rue, qui n'ont ni maison, ni famille, ni ressources économiques ».[30] Quand, en outre, il s'agit des femmes, ces situations de marginalisation deviennent doublement douloureuses et difficiles.

75. Ne soyons pas une Église insensible à ces drames de ses enfants jeunes. Ne nous y habituons jamais, car qui ne sait pas pleurer n'est pas mère. Nous voulons pleurer pour que la société aussi soit davantage mère, pour qu'au lieu de tuer, elle apprenne à donner naissance, pour qu'elle soit porteuse de vie. Nous pleurons quand nous nous souvenons des jeunes qui sont déjà morts de la misère et de la violence et nous demandons à la société d'apprendre à être une mère solidaire. Cette souffrance ne s'estompe pas, elle marche avec nous, parce que la réalité ne peut pas être cachée. Le pire que nous puissions faire, c'est d'appliquer la recette de l'esprit du monde qui consiste à anesthésier les jeunes avec d'autres nouvelles, d'autres distractions, d'autres banalités.

[30] *Ibíd.*, n. 42.

76. Peut-être que « nous avons une vie sans trop de besoins, nous ne savons pas pleurer. Certaines réalités de la vie se voient seulement avec des yeux lavés par les larmes. J'invite chacun de vous à se demander : ai-je appris à pleurer ? Ai-je appris à pleurer quand je vois un enfant qui a faim, un enfant drogué dans la rue, un enfant sans maison, un enfant abandonné, un enfant abusé, un enfant utilisé comme esclave par la société ? Ou bien mes pleurs sont-ils les pleurs capricieux de celui qui pleure parce qu'il voudrait avoir quelque chose de plus ? ».[31] Essaie d'apprendre à pleurer pour les jeunes qui se trouvent dans une situation pire que la tienne. La miséricorde et la compassion se manifestent aussi par des pleurs. Si tu n'y parviens pas, prie le Seigneur pour qu'il t'accorde de verser des larmes pour la souffrance des autres. Quand tu sauras pleurer, alors tu seras capable de réaliser quelque chose du fond du cœur pour les autres.

77. Parfois, la souffrance de certains jeunes est vraiment déchirante ; c'est une souffrance qu'on ne peut pas exprimer par des paroles ; c'est une souffrance qui nous gifle. Seuls ces jeunes peuvent dire à Dieu qu'ils souffrent beaucoup, qu'il leur coûte trop d'aller de l'avant, qu'ils ne croient plus en personne. Mais dans cette plainte déchirante se font présentes les paroles de Jésus : « Heureux les affligés, car ils seront consolés »

[31] *Discours aux jeunes à Manille* (18 janvier 2015): *L'Osservatore Romano*, éd. française, n. 4 du 22 janvier 2015, p. 14.

(*Mt* 5, 4). Il y a des jeunes qui ont pu s'ouvrir un chemin dans la vie parce que cette promesse divine leur est parvenue. Puisse-t-il y avoir toujours auprès d'un jeune qui souffre une communauté chrétienne capable de faire résonner ces paroles par des gestes, des accolades et des aides concrètes.

78. Certes, les puissants offrent certaines aides, mais souvent à un coût élevé. Dans de nombreux pays pauvres, les aides économiques de pays plus riches ou d'organismes internationaux peuvent être liées à l'acceptation de propositions occidentales ayant rapport à la sexualité, au mariage, à la vie ou à la justice sociale. Cette colonisation idéologique nuit surtout aux jeunes. En même temps, nous voyons comment une certaine publicité enseigne aux personnes à être toujours insatisfaites, et contribue à la culture du rejet où les jeunes eux-mêmes finissent par devenir du matériel jetable.

79. La culture actuelle présente un modèle de personne très associé à l'image du jeune. Se sent beau celui qui a l'air jeune, qui fait des traitements pour faire disparaître les traces du temps. Les corps jeunes sont constamment utilisés dans la publicité pour vendre. Le modèle de beauté est un modèle jeune, mais faisons attention, car cela n'est pas élogieux pour les jeunes. Cela signifie seulement que les adultes veulent voler la jeunesse pour eux-mêmes ; non pas qu'ils respectent, aiment et prennent soin des jeunes.

80. Certains jeunes « ressentent les traditions familiales comme opprimantes et les fuient sous l'impulsion d'une culture mondialisée qui, parfois, leur ôte tout point de référence. Dans d'autres parties du monde, en revanche, il n'y a pas de véritable conflit intergénérationnel entre jeunes et adultes, mais ceux-ci s'ignorent réciproquement. Parfois les adultes ne cherchent pas ou ne parviennent pas à transmettre les valeurs de base de l'existence ou adoptent des styles juvéniles, inversant ainsi le rapport entre les générations. De la sorte, la relation entre les jeunes et les adultes risque de s'arrêter au plan affectif, sans jamais toucher la dimension éducative et culturelle ». [32] Que de mal cela fait aux jeunes, même si certains ne s'en rendent pas compte ! Ces mêmes jeunes nous ont fait remarquer que cela complique énormément la transmission de la foi « dans certains pays où il n'y a pas de liberté d'expression et où on les empêche de participer à la vie de l'Église ».[33]

Désirs, blessures et recherches

81. Les jeunes reconnaissent que le corps et la sexualité ont une importance essentielle pour leur vie et pour le chemin de croissance de leur identité. Cependant, dans un monde qui souligne à l'excès la

[32] *DF*, n. 34.

[33] *Document de la Réunion pré-synodale pour la préparation de la XV*[ème] *Assemblée Générale Ordinaire du Synode des Evêques*, Rome (24 mars 2018), I, 1.

sexualité, il est difficile de garder une bonne relation avec son corps et de vivre sereinement les relations affectives. Pour cette raison, et pour d'autres, la morale sexuelle tend très souvent à être « une cause fréquente d'incompréhension et d'éloignement par rapport à l'Église, dans la mesure où elle est perçue comme un espace de jugement et de condamnation ». En même temps, les jeunes expriment « un désir explicite de dialogue sur les questions relatives à la différence entre l'identité masculine et féminine, à la réciprocité entre les hommes et les femmes et à l'homosexualité ».[34]

82. A notre époque « les développements de la science et des technologies biomédicales exercent une forte incidence sur la perception du corps, induisant l'idée qu'aucune limite ne peut empêcher de le modifier. La capacité d'intervenir sur l'ADN, la possibilité d'insérer des éléments artificiels dans l'organisme (cyborg) et le développement des neurosciences constituent une grande ressource, mais soulèvent en même temps des questions anthropologiques et éthiques ».[35] Ils peuvent nous conduire à oublier que la vie est un don et que nous sommes des êtres créés et limités, que nous pouvons être facilement instrumentalisés par ceux qui ont le pouvoir technologique.[36] « En outre, certains milieux de jeunes sont de plus en plus fascinés

[34] *DF*, n. 39.

[35] *Ibíd.*, n. 37.

[36] Cf. Lett. enc. *Laudato si'* (24 mai 2015), n. 106: *AAS* 107 (2015), 889-890.

par des comportements à risques comme moyens de s'explorer soi-même, de rechercher des émotions fortes et d'être reconnus [...] Ces phénomènes, auxquels les nouvelles générations sont exposées, constituent un obstacle à une maturation sereine ».[37]

83. Chez les jeunes, il y a aussi les chocs, les échecs, les souvenirs tristes gravés dans l'âme. Bien souvent « ce sont les blessures des défaites de leur propre histoire, des désirs frustrés, des discriminations et des injustices subies, ou encore du fait de ne pas se sentir aimés ou reconnus ». En plus, « il y a aussi les blessures morales, le poids des erreurs commises, de la culpabilité après s'être trompé ».[38] A ces carrefours, Jésus se rend présent aux jeunes pour leur offrir son amitié, son réconfort, sa compagnie qui guérit, et l'Église veut être son instrument sur ce chemin vers la restauration intérieure et la paix du cœur.

84. Nous reconnaissons, chez certains jeunes, un désir de Dieu, bien qu'il n'ait pas tous les contours du Dieu révélé. Chez d'autres, nous pourrons entrevoir un rêve de fraternité, ce qui n'est pas rien. Chez beaucoup, il y a un désir réel de développer les capacités qui se trouvent en eux pour apporter quelque chose au monde. Chez d'autres, nous observons une sensibilité artistique spéciale, ou une recherche d'harmo-

[37] *DF*, n. 37.
[38] *Ibíd.*, n. 67.

nie avec la nature. Chez d'autres, ce peut-être un grand besoin de communication. Chez beaucoup d'entre eux, nous trouvons un profond désir d'une vie différente. Il s'agit de vrais points de départ, d'énergies intérieures en attente et ouvertes à une parole de stimulation, de lumière et d'encouragement.

85. Le Synode a traité de manière particulière trois thèmes d'une grande importance dont je voudrais accueillir les conclusions textuellement, même s'il nous faudrait encore procéder à une analyse plus approfondie et développer une capacité de réponse plus adéquate et plus efficace.

Le monde numérique

86. « Le monde numérique caractérise le monde contemporain. De vastes portions de l'humanité y sont plongées de manière ordinaire et continuelle. Il ne s'agit plus seulement "d'utiliser" des instruments de communication, mais de vivre dans une culture largement numérisée, qui influence profondément les notions de temps et d'espace, la perception de soi, des autres et du monde, la façon de communiquer, d'apprendre, de s'informer et d'entrer en relation avec les autres. Une approche de la réalité qui tend à privilégier l'image par rapport à l'écoute et à la lecture a une incidence sur la façon d'apprendre et sur le développement du sens critique ».[39]

[39] *Ibid.*, n. 21.

87. Internet et les réseaux sociaux ont créé une nouvelle manière de communiquer et de se mettre en relation et « sont des espaces où les jeunes passent beaucoup de temps et se rencontrent facilement, même si tous n'y ont pas accès de la même façon, en particulier dans certaines régions du monde. Quoi qu'il en soit, ils constituent une extraordinaire opportunité de dialogue, de rencontre et d'échange entre les personnes, et donnent accès à l'information et à la connaissance. En outre, l'environnement numérique est un contexte de participation sociopolitique et de citoyenneté active et il peut faciliter la circulation d'une information indépendante capable de protéger efficacement les personnes les plus vulnérables en révélant au grand jour les violations de leurs droits. Dans de nombreux pays, internet et les réseaux sociaux représentent désormais un lieu incontournable pour atteindre les jeunes et les faire participer, notamment aux initiatives et aux activités pastorales ».[40]

88. Mais pour comprendre ce phénomène dans son intégralité, il faut reconnaître que, comme toute réalité humaine, il comporte des limites et des carences. Il n'est pas sain de confondre la communication avec le contact purement virtuel. De fait, « le monde numérique est aussi un espace de solitude, de manipulation, d'exploitation et de violence, jusqu'au cas extrême du *dark web*. Les

[40] *Ibid.*, n. 22.

médias numériques peuvent exposer au risque de dépendance, d'isolement et de perte progressive de contact avec la réalité concrète, entravant ainsi le développement d'authentiques relations interpersonnelles. De nouvelles formes de violence se diffusent à travers les *social media*, comme le cyber bizutage ; le web est aussi un canal de diffusion de la pornographie et d'exploitation des personnes à des fins sexuelles ou par le biais des jeux de hasard ».[41]

89. On ne devrait pas oublier que « de gigantesques intérêts économiques opèrent dans le monde numérique. Ils sont capables de mettre en place des formes de contrôle aussi subtiles qu'envahissantes, créant des mécanismes de manipulation des consciences et des processus démocratiques. Le fonctionnement de nombreuses plates-formes finit toujours par favoriser la rencontre entre les personnes qui pensent d'une même façon, empêchant de faire se confronter les différences. Ces circuits fermés facilitent la diffusion de fausses informations et de fausses nouvelles, fomentant les préjugés et la haine. La prolifération des *fake news* est l'expression d'une culture qui a perdu le sens de la vérité et qui soumet les faits à ses intérêts particuliers. La réputation des personnes est mise en danger par des procès sommaires *online*. Le phénomène concerne aussi l'Église et ses pasteurs ».[42]

[41] *Ibid.*, n. 23.
[42] *Ibid.*, n. 24.

90. Dans un document qu'ont préparé trois cents jeunes du monde entier avant le Synode, ceux-ci ont indiqué que « les relations *online* peuvent devenir inhumaines. Les espaces numériques nous rendent aveugles à la vulnérabilité des autres et empêchent la réflexion personnelle. Des problèmes comme la pornographie déforment la perception que le jeune a de la sexualité humaine. La technologie utilisée de cette manière crée une réalité parallèle illusoire qui ignore la dignité humaine ».[43] L'immersion dans le monde virtuel a favorisé une sorte de "migration numérique", c'est-à-dire un éloignement de la famille ainsi que des valeurs culturelles et religieuses, qui conduit beaucoup de personnes dans un monde de solitude et d'auto-invention, à tel point qu'elles font l'expérience d'un déracinement même si elles demeurent physiquement au même endroit. La vie nouvelle et débordante des jeunes, qui les pousse à chercher et à affirmer leur personnalité, est confrontée aujourd'hui à un nouveau défi : interagir avec un monde réel et virtuel dans lequel ils pénètrent seuls comme dans un continent global inconnu. Les jeunes d'aujourd'hui sont les premiers à faire cette synthèse entre ce qui est personnel, ce qui est propre à chaque culture et ce qui est global. C'est pourquoi il faut qu'ils parviennent à passer du contact virtuel à une bonne et saine communication.

[43] *Document de la Réunion pré-synodale pour la préparation de la XVème Assemblée Générale Ordinaire du Synode des Evêques*, Rome (24 mars 2018), I, 4.

91. Comment ne pas se rappeler ces nombreux jeunes touchés par les migrations ? Les phénomènes migratoires ne représentent pas « une urgence transitoire. Les migrations peuvent advenir à l'intérieur même d'un pays ou bien entre des pays différents. La préoccupation de l'Église concerne en particulier ceux qui fuient la guerre, la violence, la persécution politique ou religieuse, les désastres naturels dus aux changements climatiques et à la pauvreté extrême : beaucoup d'entre eux sont jeunes. En général, ils sont en quête d'opportunités pour eux et pour leur famille. Ils rêvent d'un avenir meilleur et désirent créer les conditions de sa réalisation ».[44] Les migrants « nous rappellent la condition primitive de la foi, celle "d'étrangers et voyageurs sur la terre" (*He* 11, 13) ».[45]

92. D'autres migrants « sont attirés par la culture occidentale, nourrissant parfois des attentes irréalistes qui les exposent à de lourdes déceptions. Des trafiquants sans scrupules, souvent liés aux cartels de la drogue et des armes, exploitent la faiblesse des migrants qui, au long de leur parcours, se heurtent trop souvent à la violence, à la traite des êtres humains, aux abus psychologiques et même physiques, et à des souffrances indicibles. Il faut signaler la vulnérabilité particulière des mi-

[44] *DF*, n. 25.
[45] *Ibid.*

grants non accompagnés et la situation de ceux qui sont contraints de passer de nombreuses années dans des camps de réfugiés ou qui restent longtemps bloqués dans les pays de transit, sans pouvoir poursuivre le cours de leurs études, ni exprimer leurs talents. Dans certains pays d'arrivée, les phénomènes migratoires suscitent des alarmes et des peurs, souvent fomentées et exploitées à des fins politiques. Une mentalité xénophobe, de fermeture et de repli sur soi se diffuse alors. Il faut réagir fermement à cela ».[46]

93. « Les jeunes qui migrent vivent une séparation avec leur environnement d'origine et connaissent souvent un déracinement culturel et religieux. La fracture concerne aussi les communautés locales, qui perdent leurs éléments les plus vigoureux et entreprenants, et les familles, en particulier quand un parent migre, ou les deux, laissant leurs enfants dans leur pays d'origine. L'Église a un rôle important à jouer comme référence pour les jeunes de ces familles brisées. Mais les histoires des migrants sont aussi des histoires de rencontre entre personnes et cultures : pour les communautés et les sociétés d'accueil, ils représentent une opportunité d'enrichissement et de développement humain intégral de tous. Les initiatives d'accueil qui se rattachent à l'Église ont un rôle important de ce point de vue et peuvent revitaliser les communautés capables de les mettre en œuvre ».[47]

[46] *Ibíd.*, n. 26.
[47] *Ibíd.*, n. 27.

94. « Grâce à la provenance variée des Pères, le Synode a vu confluer de nombreuses perspectives en ce qui concerne le thème des migrants, en particulier entre les pays de départ et les pays d'arrivée. En outre, on a entendu résonner le cri d'alarme des Églises dont les membres sont contraints de fuir la guerre et la persécution et qui voient ces migrations forcées comme une menace pour leur existence même. Le fait d'inclure en son sein toutes ces différentes perspectives met précisément l'Église en condition d'exercer un rôle prophétique vis-à-vis de la société en matière de migrations ».[48] Je demande en particulier aux jeunes de ne pas se laisser enrôler dans les réseaux de ceux qui veulent les opposer à d'autres jeunes qui arrivent dans leurs pays, en les présentant comme des êtres dangereux et comme s'ils n'étaient pas dotés de la même dignité inaliénable propre à chaque être humain.

Mettre fin à tout genre d'abus

95. Ces derniers temps, il a été demandé avec force que nous écoutions le cri des victimes des divers genres d'abus qu'ont commis certains évêques, prêtres, religieux et laïcs. Ces péchés provoquent chez leurs victimes « des souffrances qui peuvent durer toute la vie et auxquelles aucun repentir ne peut porter remède. Ce phénomène est très répandu dans la société, et il touche aussi l'Église et représente un sérieux obstacle à sa mission ».[49]

[48] *Ibid.*, n. 28.
[49] *Ibid.*, n. 29.

96. Certes, le « fléau des abus sexuels sur mineurs est malheureusement un phénomène historiquement répandu dans toutes les cultures et toutes les sociétés », surtout au sein des familles mêmes et dans diverses institutions, dont l'ampleur a été révélée surtout « grâce au changement de sensibilité de l'opinion publique ». Mais « l'universalité de ce fléau, alors que se confirme son ampleur dans nos sociétés, n'atténue pas sa monstruosité à l'intérieur de l'Église » et « dans la colère légitime des personnes, l'Église voit un reflet de la colère de Dieu, trahi et frappé ».[50]

97. « Le Synode réaffirme le ferme engagement en faveur de l'adoption de mesures rigoureuses de prévention pour empêcher que cela ne se reproduise, à partir de la sélection et de la formation de ceux auxquels seront confiés des tâches de responsabilité et d'éducation ».[51] En même temps, il ne faut pas négliger la décision d'appliquer les « mesures et sanctions si nécessaires ».[52] Et tout cela avec la grâce du Christ. Il n'y a pas de retour en arrière possible.

98. « Il existe différents types d'abus : abus de pouvoir, abus économiques, abus de conscience, abus sexuels. Il est évident qu'il faut éradiquer les

[50] *Discours à la fin de la rencontre sur "La protection des mineurs dans l'Église"* (24 février 2019): *L'Osservatore Romano*, éd. française, n. 9 du 26 février 2019, p. 10.

[51] *DF*, n. 29.

[52] *Lettre au Peuple de Dieu* (20 août 2018), n. 2: *L'Osservatore Romano*, éd. française, n. 34 du 23 août 2018, p. 6.

formes d'exercice de l'autorité sur lesquelles ils se greffent et lutter contre le manque de responsabilité et de transparence avec lequel de nombreux cas ont été gérés. Le désir de domination, le manque de dialogue et de transparence, les formes de double vie, le vide spirituel, ainsi que les fragilités psychologiques constituent le terrain sur lequel prospère la corruption ».[53] Le cléricalisme est une tentation permanente des prêtres, qui interprètent « le ministère reçu comme un pouvoir à exercer plutôt que comme un service gratuit et généreux à offrir. Et cela conduit à croire appartenir à un groupe qui possède toutes les réponses et qui n'a plus besoin d'écouter et d'apprendre quoique ce soit, ou fait semblant d'écouter ».[54] Sans aucun doute, un esprit clérical expose les personnes consacrées à perdre le respect de la valeur sacrée et inaliénable de chaque personne et de sa liberté.

99. Avec les Pères synodaux, je voudrais exprimer avec affection et reconnaissance ma « gratitude envers ceux qui ont le courage de dénoncer le mal subi : ils aident l'Église à prendre conscience de ce qui s'est passé et de la nécessité de réagir fermement ».[55] Mais méritent également une reconnaissance spéciale « les efforts sincères d'in-

[53] *DF*, n. 30.

[54] *Discours d'ouverture de la XV*ème *Assemblée* Générale *Ordinaire du Synode des Evêques*, Rome (3 octobre 2018): *L'Osservatore Romano*, éd. française, n. 41 du 11 octobre 2018, p. 9.

[55] *DF*, n. 31.

nombrables laïques et laïcs, prêtres, personnes consacrées et évêques qui, chaque jour, se dépensent avec honneteté et dévouement au service des jeunes. Leur œuvre est une forêt qui grandit sans faire de bruit. Beaucoup de jeunes présents au Synode ont également manifesté leur gratitude pour ceux qui les ont accompagnés et ils ont rappelé le grand besoin de figures de référence ».[56]

100. Grâce à Dieu, les prêtres qui commettent ces horribles crimes ne constituent pas la majorité qui exerce un ministère fidèle et généreux. Je demande aux jeunes de se laisser stimuler par cette majorité. En tout cas, quand vous voyez un prêtre en danger, parce qu'il a perdu la joie de son ministère, parce qu'il cherche des compensations affectives ou qu'il est en train de perdre le cap, ayez le courage de lui rappeler son engagement envers Dieu et avec son peuple, annoncez-lui, vous-mêmes, l'Évangile, et encouragez-le à rester sur le bon chemin. Ainsi, vous offrirez une aide inestimable pour une chose qui est fondamentale : la prévention qui permet d'éviter que ces atrocités se répètent. Ce nuage noir devient aussi un défi pour les jeunes qui aiment Jésus-Christ et son Église, car leur apport peut être important face à cette blessure s'ils mettent en jeu leur capacité de renouveler, de revendiquer, d'exiger cohérence et témoignage, de rêver de nouveau et de réinventer.

[56] *Ibíd.*

101. Ce n'est pas le seul péché des membres de l'Église, dont l'histoire connaît les ombres. Nos péchés sont à la vue de tous ; ils se reflètent sans pitié dans les rides du visage millénaire de notre Mère et Maîtresse. En effet, elle marche depuis deux mille ans, en partageant « les joies et les espoirs, les tristesses et les angoisses des hommes »[57]. Et elle marche telle qu'elle est, sans recourir à des chirurgies esthétiques. Elle ne craint pas de montrer les péchés de ses membres, que certains d'entre eux tentent parfois de dissimuler, à la lumière brûlante de la Parole de l'Évangile qui lave et purifie. Elle ne se lasse pas non plus de réciter chaque jour, honteuse : « Pitié pour moi, Dieu, en ta bonté, en ta grande tendresse [...]. Ma faute est devant moi sans relâche » (*Ps* 51, 3.5). Mais souvenons-nous qu'on n'abandonne pas une Mère lorsqu'elle est blessée, mais on l'accompagne pour qu'elle trouve en elle toute sa force et sa capacité de toujours recommencer.

102. Au milieu de ce drame qui, à juste titre, nous blesse l'âme, « le Seigneur Jésus, qui n'abandonne jamais son Église, lui offre la force et les instruments pour un nouveau chemin ».[58] Ainsi, ce moment difficile, « avec l'aide précieuse des jeunes, peut véritablement être l'occasion d'une réforme de portée historique »,[59] pour déboucher

[57] Conc. Œcum. Vat. II, Const. past. *Gaudium et spes*, sur l'Église et le monde de ce temps, n. 1.

[58] *DF*, n. 31.

[59] *Ibid.*, n. 31.

sur une nouvelle Pentecôte et inaugurer une étape de purification et de changement qui confère à l'Église une nouvelle jeunesse. Mais les jeunes pourront aider beaucoup plus s'ils se sentent de tout cœur membres du « saint et patient peuple fidèle de Dieu, soutenu et vivifié par l'Esprit Saint », car « ce sera précisément ce saint peuple de Dieu qui nous libérera du fléau du cléricalisme, terrain fertile de toutes ces abominations ».[60]

Il y a une issue

103. Dans ce chapitre, je me suis arrêté pour regarder la réalité des jeunes dans le monde actuel. Certains autres aspects apparaîtront dans les chapitres suivants. Comme je l'ai déjà dit, je ne prétends pas être exhaustif par cette analyse. J'exhorte les communautés à examiner, avec respect et sérieux, leur réalité la plus proche concernant la jeunesse, afin de pouvoir discerner les voies pastorales les plus adéquates. Cependant, je ne veux pas terminer ce chapitre sans m'adresser à chacun de vous.

104. Je te rappelle la bonne nouvelle que le matin de la Résurrection nous a offert : à savoir qu'il y a une issue à toutes les situations difficiles ou douloureuses que nous avons mentionnées. Par exemple, il est vrai que le monde numérique peut t'exposer au risque du repli sur soi, de l'isolement

[60] *Discours lors de la rencontre "La protection des mineurs dans l'Église"* (24 février 2019): *L'Osservatore Romano*, éd. française, n. 9 du 26 février 2019, p. 12.

ou du plaisir vide. Mais n'oublie pas qu'il y a des jeunes qui sont aussi créatifs, et parfois géniaux, dans cet environnement. C'est ce que faisait le jeune Vénérable Carlo Acutis.

105. Il savait très bien que ces mécanismes de la communication, de la publicité et des réseaux sociaux peuvent être utilisés pour faire de nous des êtres endormis, dépendants de la consommation et des nouveautés que nous pouvons acquérir, obsédés du temps libre et prisonniers de la négativité. Cependant, il a été capable d'utiliser les nouvelles techniques de communication pour transmettre l'Évangile, pour communiquer valeurs et beauté.

106. Il n'est pas tombé dans le piège. Il voyait que beaucoup de jeunes, même s'ils semblent différents, finissent en réalité par se ressembler, en courant derrière ce que les puissants leur imposent à travers les mécanismes de consommation et d'abrutissement. C'est ainsi qu'ils ne laissent pas jaillir les dons que le Seigneur leur a faits ; ils n'offrent pas à ce monde ces talents si personnels et si uniques que le Seigneur a semés en chacun. Ainsi, disait Carlo, il arrive que "tous les hommes naissent comme des originaux, mais beaucoup meurent comme des photocopies". Ne permets pas que cela t'arrive !

107. Ne permets pas qu'ils te volent l'espérance et la joie, qu'ils te rendent toxicodépendant pour t'utiliser comme esclave de leurs intérêts. Ose être davantage, car ta personne est plus importante que quoi que ce soit. Il ne te sert à rien d'avoir ou

de paraître. Tu peux arriver à être ce que Dieu, ton Créateur, sait que tu es, si tu reconnais que tu es appelé à beaucoup. Invoque l'Esprit Saint et marche avec confiance vers le grand but : la sainteté. Ainsi, tu ne seras pas une photocopie. Tu seras pleinement toi-même.

108. Pour cela, tu as besoin de savoir une chose fondamentale : la jeunesse, ce n'est pas seulement la recherche de plaisirs passagers et de succès superficiels. Pour que la jeunesse atteigne sa finalité dans le parcours de ta vie, elle doit être un temps de don généreux, d'offrande sincère, de sacrifice qui coûtent mais qui nous rendent féconds. C'est comme disait le poète :

"Si pour retrouver ce que j'ai retrouvé
j'ai d'abord dû perdre ce que j'ai perdu,
si pour obtenir ce que j'ai obtenu
j'ai dû supporter ce que j'ai supporté,

Si pour être à présent tombé amoureux
j'ai dû être blessé,
j'estime qu'il est bon d'avoir souffert ce que j'ai souffert
j'estime qu'il est bon d'avoir pleuré ce que j'ai pleuré.

Car après tout je me suis rendu compte
qu'on ne savoure bien ce qui est appréciable
qu'après en avoir souffert.

Car après tout j'ai compris
que ce que l'arbre a de fleuri
ne vit que de ce qu'il a d'enseveli".[61]

[61] Francisco Luis Bernárdez, «Soneto», in *Cielo de tierra*, Buenos Aires 1937.

109. Si tu es jeune en âge, mais si tu te sens faible, fatigué ou désabusé, demande à Jésus de te renouveler. Avec lui, l'espérance ne manque pas. Tu peux faire de même si tu te sens submergé par les vices, les mauvaises habitudes, l'égoïsme ou le confort malsain. Jésus, plein de vie, veut t'aider pour qu'être jeune en vaille la peine. Ainsi tu ne priveras pas le monde de cette contribution que toi seul peux lui apporter, en étant unique et hors pair comme tu es.

110. Cependant, je voudrais te rappeler également qu'« il est très difficile de lutter contre notre propre concupiscence ainsi que contre les embûches et les tentations du démon et du monde égoïste, si nous sommes trop isolés. Le bombardement qui nous séduit est tel que, si nous sommes trop seuls, nous perdons facilement le sens de la réalité, la clairvoyance intérieure, et nous succombons ».[62] Cela vaut en particulier pour les jeunes, parce que, unis, vous avez une force admirable. Quand vous vous enthousiasmez pour une vie communautaire, vous êtes capables de grands sacrifices pour autrui et pour la communauté. Par contre, l'isolement vous affaiblit et vous expose aux pires maux de notre temps.

[62] Exhort. ap. *Gaudete et exsultate* (19 mars 2018), n. 140.

CHAPITRE 4

LA GRANDE ANNONCE POUR TOUS LES JEUNES

111. Au-delà de toute situation particulière, je souhaite maintenant annoncer à tous les jeunes le plus important, ce qui est primordial, ce qu'il ne faut jamais taire. Une annonce qui comprend trois grandes vérités que nous avons tous besoin d'entendre sans cesse, encore et encore.

Un Dieu qui est amour

112. Je veux dire d'abord à chacun la première vérité : "Dieu t'aime". Si tu l'as déjà entendu, peu importe. Je veux te le rappeler : Dieu t'aime. N'en doute jamais, quoiqu'il arrive dans ta vie. Tu es aimé infiniment, en toutes circonstances.

113. L'expérience de la paternité que tu as eue n'est peut-être pas la meilleure, ton père de la terre a peut-être été loin et absent ou, au contraire, dominateur et captatif. Ou, simplement, il n'a pas été le père dont tu avais besoin. Je ne sais pas. Mais ce que je peux te dire avec certitude, c'est que tu peux te jeter avec confiance dans les bras de ton Père divin, de ce Dieu qui t'a donné la vie et qui te la donne à tout moment. Il te soutiendra fermement et tu sentiras en même temps qu'il respecte jusqu'au bout ta liberté.

114. Nous trouvons dans sa Parole de nombreuses expressions de son amour. C'est comme s'il avait cherché différentes manières de le manifester pour voir s'il pouvait atteindre ton cœur avec l'une ou l'autre de ces paroles. Par exemple, il se présente parfois comme ces pères affectueux qui jouent avec leurs enfants : « *Je les menais avec des attaches humaines, avec des liens d'amour ; j'étais pour eux comme ceux qui soulèvent un nourrisson tout contre leur joue* » (*Os* 11, 4).

Il se présente parfois plein de l'amour de ces mères qui aiment sincèrement leurs enfants, d'un amour attachant qui est incapable d'oublier ou d'abandonner : « *Une femme oublie-t-elle son petit enfant, est-elle sans pitié pour le fils de ses entrailles ? Même si les femmes oubliaient, moi, je ne t'oublierai pas* » (*Is* 49, 15).

Il se présente même comme un amoureux qui en arrive à se faire tatouer la personne aimée dans la paume de ses mains afin de pouvoir avoir toujours son visage à proximité : « *Je t'ai gravée sur les paumes de mes mains* » (*Is* 49, 16).

D'autres fois, il montre sa force et la vigueur de son amour qui ne se laisse jamais vaincre : « *Les montagnes peuvent s'écarter et les collines chanceler, mon amour ne s'écartera pas de toi, mon alliance de paix ne chancellera pas* » (*Is* 54, 10).

Ou bien il nous dit que nous avons été désirés depuis toujours, de sorte que nous n'apparaissons pas dans ce monde par hasard. Nous étions un projet de son amour avant que nous existions : « *D'un amour éternel je t'ai aimée, aussi t'ai-je maintenu ma faveur* » (*Jr* 31, 3).

Ou bien il nous fait remarquer qu'il sait voir notre beauté, celle que personne ne peut reconnaître : « *Tu comptes beaucoup à mes yeux, tu as du prix et je t'aime* » (*Is* 43, 4).

Ou bien il nous fait découvrir que son amour n'est pas triste, mais une pure joie qui se renouvelle quand nous nous laissons aimer par lui : « *Le Seigneur ton Dieu est au milieu de toi, héros sauveur! Il exultera pour toi de joie, il te renouvellera par son amour ; il dansera pour toi avec des cris de joie* » (*So* 3, 17).

115. Tu as vraiment de la valeur pour lui, tu n'es pas insignifiant, tu lui importes, parce que tu es une œuvre de ses mains. Il te prête donc attention et se souvient de toi avec affection. Tu dois avoir confiance dans le « souvenir de Dieu : sa mémoire n'est pas un "disque dur" qui enregistre et archive toutes nos données, sa mémoire est un cœur tendre de compassion, qui se plaît à effacer définitivement toutes nos traces de mal ».[63] Il ne veut pas tenir le compte de tes erreurs et, en toute situation, il t'aidera à tirer quelque chose, même de tes chutes. Parce qu'il t'aime. Essaye de rester un moment en silence en te laissant aimer par lui. Essaye de faire taire toutes les voix et les cris intérieurs, et reste un moment dans les bras de son amour.

116. C'est un amour « qui n'écrase pas, c'est un amour qui ne marginalise pas, qui ne réduit pas au

[63] *Homélie de la Messe des XXXIème Journées Mondiales de la Jeunesse* à Cracovie (31 juillet 2016): *AAS* 108 (2016), 923: *L'Osservatore Romano*, éd. française, n. 32-33 du 11-18 août 2016, p. 12.

silence, un amour qui n'humilie pas, ni n'asservit. C'est l'amour du Seigneur, un amour de tous les jours, discret et respectueux, amour de liberté et pour la liberté, amour qui guérit et qui relève. C'est l'amour du Seigneur qui apprend plus à redresser qu'à faire chuter, à réconcilier qu'à interdire, à donner de nouvelles chances qu'à condamner, à regarder l'avenir plus que le passé ».[64]

117. Quand il te demande quelque chose ou quand, simplement, il permet ces défis que la vie te présente, il attend que tu lui accordes une place pour pouvoir t'élever, pour te faire progresser, pour te faire mûrir. Cela ne le dérange pas que tu lui exprimes ton questionnement. Ce qui l'inquiète, c'est que tu ne lui parles pas, que tu n'ouvres pas sincèrement le dialogue avec lui. La Bible dit que Jacob a lutté contre Dieu (cf. *Gn* 32, 25-31), et cela ne l'a pas détourné du chemin du Seigneur. En réalité, il nous exhorte lui-même : « Allons ! Discutons ! » (*Is* 1, 18). Son amour est si réel, si vrai, si concret qu'il nous offre une relation faite de dialogue sincère et fécond. Finalement, cherche l'embrassade de ton Père du ciel dans le visage aimant de ses courageux témoins sur la terre.

Le Christ te sauve

118. La deuxième vérité est que le Christ, par amour, s'est livré jusqu'au bout pour te sauver.

[64] *Discours lors de la cérémonie d'ouverture des XXXIVèmes Journées Mondiales de la Jeunesse* à Panama, (24 janvier 2019): *L'Osservatore Romano*, éd. française, n. 5 du 29 janvier 2019, p. 9.

Ses bras sur la croix sont le signe le plus beau d'un ami qui est capable d'aller jusqu'à l'extrême : « *Ayant aimé les siens qui étaient dans le monde, il les aima jusqu'à la fin* » (*Jn* 13, 1).

Saint Paul disait qu'il vivait dans la confiance en cet amour qui s'est livré à lui entièrement : « *Je vis dans la foi au Fils de Dieu qui m'a aimé et s'est livré pour moi* » (*Ga* 2, 20).

119. Ce Christ, qui nous a sauvés de nos péchés sur la croix, continue de nous sauver et de nous racheter aujourd'hui, avec le même pouvoir de son don total. Regarde le Christ, accroche-toi à lui, laisse-toi sauver, parce que « ceux qui se laissent sauver par lui sont libérés du péché, de la tristesse, du vide intérieur, de l'isolement ».[65] Car si tu pèches et t'éloignes, il te relève avec le pouvoir de sa croix. N'oublie jamais qu' « il pardonne soixante-dix fois sept fois. Il revient nous charger sur ses épaules une fois après l'autre. Personne ne pourra nous enlever la dignité que nous confère cet amour infini et inébranlable. Il nous permet de relever la tête et de recommencer, avec une tendresse qui ne nous déçoit jamais et qui peut toujours nous rendre la joie ».[66]

120. « Nous sommes sauvés par Jésus : parce qu'il nous aime et ne peut pas s'en passer. Nous pouvons lui faire n'importe quoi, lui nous aime

[65] Exhort. ap. *Evangelii gaudium* (24 novembre 2013), n. 1: *AAS* 105 (2013), 1019.
[66] *Ibid.*, n. 3: *AAS* 105 (2013), 1020.

et nous sauve. Parce que seul celui qu'on aime peut être sauvé. Seul celui qu'on embrasse peut être transformé. L'amour du Seigneur est plus grand que toutes nos contradictions, que toutes nos fragilités et que toutes nos petitesses. Mais c'est précisément à travers nos contradictions, nos fragilités et nos petitesses qu'il veut écrire cette histoire d'amour. Il a embrassé le fils prodigue, il a embrassé Pierre après son reniement, et il nous embrasse toujours, toujours, toujours après nos chutes, en nous aidant à nous relever et nous remettre sur pieds. Parce que la véritable chute, – attention à cela – *la vraie chute, celle qui est capable de ruiner notre vie, c'est de rester à terre et ne pas se laisser aider* ».[67]

121. Son pardon et son salut ne sont pas une chose que nous avons achetée, ou que nous devons acquérir par nos œuvres et par nos efforts. Il nous pardonne et nous libère gratuitement. Le don de lui-même sur la croix est une chose si grande que nous ne pouvons ni ne devons payer, nous devons seulement le recevoir avec une immense gratitude et avec la joie d'être tant aimés, avant que nous puissions l'imaginer : « Il nous a aimés [le premier] » (*1 Jn* 4, 19).

122. Jeunes aimés par le Seigneur, vous valez tellement que vous avez été rachetés par le sang

[67] *Discours lors de la veillée avec les jeunes lors des XXXIVèmes Journées Mondiales de la Jeunesse à Panama* (26 janvier 2019): *L'Osservatore Romano*, éd. française, n. 6 du 5 février 2019, p. 10.

précieux du Christ ! Jeunes bien aimés, « vous n'avez pas de prix! Vous n'êtes pas une marchandise aux enchères! S'il vous plaît, ne vous laissez pas acheter, ne vous laissez pas séduire, ne vous laissez pas asservir par les colonisations idéologiques qui nous mettent des idées dans la tête et, à la fin, nous font devenir esclaves, dépendants, des ratés dans la vie. Vous n'avez pas de prix : vous devez toujours vous le répéter : je ne suis pas aux enchères, je n'ai pas de prix. Je suis libre, je suis libre! Éprenez-vous de cette liberté, qui est celle que Jésus offre ».[68]

123. Regarde les bras ouverts du Christ crucifié, laisse-toi sauver encore et encore. Et quand tu t'approches pour confesser tes péchés, crois fermement en sa miséricorde qui te libère de la faute. Contemple son sang répandu avec tant d'amour et laisse-toi purifier par lui. Tu pourras ainsi renaître de nouveau.

Il vit !

124. Mais il y a une troisième vérité qui est inséparable de la précédente : il vit ! Il faut le rappeler souvent, parce que nous courons le risque de prendre Jésus-Christ seulement comme un bon exemple du passé, comme un souvenir, comme quelqu'un qui nous a sauvés il y a deux mille ans.

[68] *Discours lors de la rencontre avec les jeunes au Synode, salle Paul VI* (6 octobre 2018): *L'Osservatore Romano*, éd. française, n. 41 du 11 octobre 2018, p. 7.

Cela ne nous servirait à rien, cela nous laisserait identiques, cela ne nous libèrerait pas. Celui qui nous remplit de sa grâce, qui nous libère, qui nous transforme, qui nous guérit et nous console est quelqu'un qui vit. C'est le Christ ressuscité, plein de vitalité surnaturelle, revêtu d'infinie lumière. C'est pourquoi saint Paul disait : « Si le Christ n'est pas ressuscité, vaine est votre foi » (*1Co* 15, 17).

125. S'il vit, alors il pourra être présent dans ta vie, à chaque moment, pour la remplir de lumière. Il n'y aura ainsi plus jamais de solitude ni d'abandon. Même si tous s'en vont, lui sera là, comme il l'a promis : « Je suis avec vous tous les jours jusqu'à la fin du monde » (*Mt* 28, 20). Il remplit tout de sa présence invisible, où que tu ailles, il t'attendra. Car il n'est pas seulement venu, mais il vient et continuera à venir chaque jour pour t'inviter à marcher vers un horizon toujours nouveau.

126. Contemple Jésus heureux, débordant de joie. Réjouis-toi avec ton Ami qui a triomphé. Ils ont tué le saint, le juste, l'innocent, mais il a vaincu. Le mal n'a pas le dernier mot. Dans ta vie, le mal non plus n'aura pas le dernier mot, parce que l'Ami qui t'aime veut triompher en toi. Ton sauveur vit.

127. S'il vit, c'est une garantie que le bien peut se faire un chemin dans notre vie, et que nos fatigues serviront à quelque chose. Nous pouvons cesser de nous plaindre, et regarder en avant parce que, avec lui, on le peut toujours. C'est la sécurité que

nous avons. Jésus est l'éternel vivant. Accrochés à lui nous vivrons et traverserons toutes les formes de mort et de violence qui nous guettent en chemin.

128. Toute autre remède sera insuffisant et passager. Il servira peut-être à quelque chose un certain temps, mais de nouveau nous nous retrouverons sans défense, abandonnés, exposés aux intempéries. Avec lui, en revanche, le cœur est ancré dans une assurance fondamentale, qui demeure au-delà de tout. Saint Paul dit qu'il désire être uni au Christ pour « le connaître, lui, avec la puissance de sa résurrection » (*Ph* 3, 10). C'est le pouvoir qui se manifeste sans cesse aussi dans ton existence, parce qu'il est venu pour te donner la vie, et que tu l'aies « surabondante » (*Jn* 10, 10).

129. Si tu parviens à apprécier, avec le cœur, la beauté de cette nouvelle, et que tu te laisses rencontrer par le Seigneur, si tu te laisses aimer et sauver par lui, si tu entres en amitié avec lui et commences à parler avec le Christ vivant des choses concrètes de ta vie, tu feras la grande expérience, l'expérience fondamentale qui soutiendra ta vie chrétienne. C'est aussi l'expérience que tu pourras communiquer aux autres jeunes. Parce qu'« à l'origine du fait d'être chrétien, il n'y a pas une décision éthique ou une grande idée, mais la rencontre avec un événement, avec une Personne, qui donne à la vie un nouvel horizon et par là son orientation décisive ».[69]

[69] Benoît XVI, Lett. enc. *Deus caritas est* (25 décembre 2005), n. 1: *AAS* 98 (2006), 217.

130. Dans ces trois vérités – Dieu t'aime, le Christ est ton sauveur, il vit – apparaît Dieu le Père et apparaît Jésus. Où se trouvent le Père et Jésus-Christ se trouve aussi l'Esprit Saint. C'est lui qui prépare et ouvre les cœurs à recevoir cette nouvelle, c'est lui qui maintient vivante cette expérience de salut, c'est lui qui t'aidera à grandir dans cette joie si tu le laisses agir. L'Esprit Saint remplit le cœur du Christ ressuscité et à partir de là, comme une source, il se répand dans ta vie. Et quand tu le reçois, l'Esprit Saint te fait entrer toujours plus avant dans le cœur du Christ, afin de te remplir toujours davantage de son amour, de sa lumière et de sa force.

131. Invoque chaque jour l'Esprit Saint, pour qu'il renouvelle constamment en toi l'expérience de la grande nouvelle. Pourquoi ne pas le faire ? Tu ne perds rien et il peut changer ta vie, il peut l'éclairer et lui donner une meilleure direction. Il ne te mutile pas, il ne t'enlève rien, mais il t'aide à trouver ce dont tu as besoin de la meilleure façon. Tu as besoin d'amour ? Tu ne le trouveras pas dans la débauche, en utilisant les autres, en possédant les autres ou en les dominant. Tu le trouveras d'une manière qui te rendra véritablement heureux. Tu cherches la force ? Tu ne la vivras pas en accumulant les objets, en gaspillant de l'argent, en courant désespéré derrière les choses de ce monde. Tu y parviendras sous une forme beaucoup plus belle et satisfaisante si tu te laisses stimuler par l'Esprit Saint.

132. Tu cherches la passion ? Comme le dit ce beau poème : tombe amoureux ! (ou bien, permets-toi de tomber amoureux !) car « il n'y a rien de plus important que de trouver Dieu. C'est-à-dire, tombe amoureux de lui de manière définitive et absolue. Ce dont tu tombes amoureux prend ton imagination, et finit par laisser sa trace partout. C'est cela qui te décidera à sortir du lit le matin, qui décidera de ce que tu fais de tes soirées, de ce à quoi tu emploies tes weekends, de ce que tu lis, de ce que tu sais, de ce qui brise ton cœur et de ce qui te submerge de joie et de gratitude. Tombe amoureux ! Demeure dans l'amour ! Tout sera différent ».[70] Cet amour de Dieu qui prend avec passion toute la vie est possible grâce à l'Esprit Saint, parce que « l'amour de Dieu a été répandu dans nos cœurs par l'Esprit Saint qui nous a été donné » (*Rm* 5, 5).

133. Il est la source de la meilleure jeunesse. Parce que celui qui se confie au Seigneur « ressemble à un arbre planté au bord des eaux, qui tend ses racines vers le courant il ne redoute rien quand arrive la chaleur, son feuillage reste vert » (*Jr* 17, 8). Alors que « les adolescents se fatiguent et s'épuisent » (*Is* 40, 30), ceux qui mettent leur espérance dans Seigneur « renouvellent leur force, ils déploient leurs ailes comme des aigles, ils courent sans s'épuiser, ils marchent sans se fatiguer » (*Is* 40, 31).

[70] PEDRO ARRUPE, *Enamórate.*

CHAPITRE 5

CHEMINS DE JEUNESSE

134. Comment vit-on sa jeunesse lorsqu'on se laisse éclairer par la grande nouvelle de l'Évangile ? Il est important de se poser cette question parce que la jeunesse est plus qu'une fierté, elle est un don de Dieu : « Etre jeune est une grâce, une chance ».[71] C'est un don que nous pouvons gaspiller inutilement, ou bien que nous pouvons recevoir avec reconnaissance et vivre en plénitude.

135. Dieu est l'auteur de la jeunesse, et il œuvre en chaque jeune. La jeunesse est un temps béni pour le jeune, et une bénédiction pour l'Église et pour le monde. Elle est une joie, un chant d'espérance et une béatitude. Apprécier la jeunesse implique de voir ce temps de la vie comme un moment précieux, et non comme un temps qui passe où les personnes jeunes se sentent poussées vers l'âge adulte.

UN TEMPS DE RÊVES ET DE CHOIX

136. A l'époque de Jésus, la sortie de l'enfance était une étape très attendue dans la vie qui était

[71] SAINT PAUL VI, *Allocution pour la béatification de Nunzio Sulpizio* (1er décembre 1963): *AAS* 56 (1964), 28.

célébrée et grandement appréciée. Il en résulte que Jésus, lorsqu'il redonne la vie à une "enfant" (*Mc* 5, 39), lui fait faire un pas, l'encourage et la change en "jeune fille" (*Mc* 5, 41). En lui disant « jeune fille, lève-toi » (*talitá kum*), il la rend en même temps plus responsable de sa vie en lui ouvrant les portes de la jeunesse.

137. « La jeunesse, phase du développement de la personnalité, est marquée par des rêves qui, peu à peu, prennent corps, par des relations qui acquièrent toujours plus de consistance et d'équilibre, par des tentatives et des expériences, par des choix qui construisent progressivement un projet de vie. A cette période de la vie, les jeunes sont appelés à se projeter en avant, sans couper leurs racines, à construire leur autonomie, mais pas dans la solitude ».[72]

138. L'amour de Dieu et notre relation avec le Christ vivant ne nous empêchent pas de rêver, et n'exigent pas de nous que nous rétrécissions nos horizons. Au contraire, cet amour nous pousse en avant, nous stimule, nous élance vers une vie meilleure et plus belle. Le mot "inquiétude" résume les nombreuses quêtes du cœur des jeunes. Comme le disait saint Paul VI : « Il y a un élément de lumière précisément dans les insatisfactions qui vous tourmentent ».[73] L'inquiétude qui rend insatisfait, jointe à l'étonnement pour la

[72] *DF*, n. 65.

[73] *Homélie de la messe avec les jeunes* à *Sydney* (2 décembre 1970): *AAS* 63 (1971), 64.

nouveauté qui pointe à l'horizon, ouvre un passage à l'audace qui les met en mouvement pour s'assumer eux-mêmes, devenir responsable d'une mission. Cette saine anxiété, qui s'éveille surtout dans la jeunesse, continue d'être la caractéristique de tout cœur qui reste jeune, disponible, ouvert. La véritable paix intérieure cohabite avec cette insatisfaction profonde. Saint Augustin disait : « Seigneur, tu nous a créés pour toi et notre cœur est sans repos tant qu'il ne demeure en toi ».[74]

139. Il y a longtemps, un ami me demanda ce que je voyais quand je pensais à un jeune. Ma réponse a été : « Je vois un garçon ou une fille au pied agile qui cherche sa voie, qui entre dans le monde et qui regarde l'horizon avec les yeux pleins d'espoir, pleins de l'avenir et aussi d'illusions. Le jeune marche sur ses deux pieds comme les adultes, mais à la différence des adultes, qui les gardent bien parallèles, il en a toujours un devant l'autre, sans cesse prêt à partir, à bondir. Toujours prêt à aller de l'avant. Parler des jeunes, c'est parler de promesses, et c'est parler de joie. Ils ont une force immense, ils sont capables de regarder avec espoir. Un jeune est une promesse de vie qui possède par nature un certain degré de ténacité ; il a assez de folie pour pouvoir s'illusionner, tout en ayant aussi la capacité à guérir de la désillusion qui peut s'ensuivre ».[75]

[74] *Confessions*, I, 1, 1: *PL* 32, 661

[75] *Dieu est jeune. Une conversation avec Thomas Leoncini*, ed. Robert Lafont, Paris 2018, pp. 18-19.

140. Certains jeunes rejettent parfois cette étape de la vie, parce qu'ils veulent rester enfants ou bien désirent « un prolongement indéfini de l'adolescence et le renvoi des décisions ; la peur du définitif engendre ainsi une sorte de paralysie décisionnelle. La jeunesse ne peut toutefois pas rester un temps suspendu : c'est l'âge des choix et c'est précisément en cela que réside sa fascination et sa tâche la plus grande. Les jeunes prennent des décisions dans le domaine professionnel, social, politique, et d'autres, plus radicales, qui donneront à leur existence une orientation déterminante ».[76] Ils prennent aussi des décisions en rapport avec l'amour, le choix du partenaire et la possibilité d'avoir les premiers enfants. Nous approfondirons ces thèmes dans les derniers chapitres qui portent sur la vocation de chacun et son discernement.

141. Mais à l'encontre des rêves qui entraînent des décisions, souvent « il y a la menace de la lamentation, de la résignation. Celles-là, nous les laissons à ceux qui suivent la "déesse lamentation" [...] Elle est une tromperie ; elle te fait prendre la mauvaise route. Quand tout semble immobile et stagnant, quand les problèmes personnels nous inquiètent, quand les malaises sociaux ne trouvent pas les réponses qu'ils méritent, ce n'est pas bon de partir battus. Le chemin est Jésus ; le faire monter dans notre « bateau » et avancer

[76] *DF*, n. 68.

au large avec lui ! Il est le Seigneur ! Il change la perspective de la vie. La foi en Jésus conduit à une espérance qui va au-delà, à une certitude fondée non seulement sur nos qualités et nos dons, mais sur la Parole de Dieu, sur l'invitation qui vient de lui. Sans faire trop de calculs humains ni trop se préoccuper de vérifier si la réalité qui vous entoure coïncide avec vos sécurités. Avancez au large, sortez de vous-mêmes ».[77]

142. Il faut persévérer sur le chemin des rêves. Pour cela, il faut être attentifs à une tentation qui nous joue d'habitude un mauvais tour : l'angoisse. Elle peut être une grande ennemie lorsqu'il nous arrive de baisser les bras parce que nous découvrons que les résultats ne sont pas immédiats. Les rêves les plus beaux se conquièrent avec espérance, patience et effort, en renonçant à l'empressement. En même temps il ne faut pas s'arrêter par manque d'assurance, il ne faut pas avoir peur de parier et de faire des erreurs. Il faut avoir peur de vivre paralysés, comme morts dans la vie, transformés en des personnes qui ne vivent pas, parce qu'elles ne veulent pas risquer, parce qu'elles ne persévèrent pas dans leurs engagements et parce qu'elles ont peur de se tromper. Même si tu te trompes, tu pourras toujours lever la tête et recommencer, parce que personne n'a le droit de te voler l'espérance.

[77] *Rencontre avec les jeunes à Cagliari* (22 septembre 2013): *AAS* 105 (2013), 904-905: *L'Osservatore Romano*, éd. française, n. 39 du 26 septembre 2013, p. 6.

143. Jeunes, ne renoncez pas au meilleur de votre jeunesse, ne regardez pas la vie à partir d'un balcon. Ne confondez pas le bonheur avec un divan et ne vivez pas toute votre vie derrière un écran. Ne devenez pas le triste spectacle d'un véhicule abandonné. Ne soyez pas des voitures stationnées. Il vaut mieux que vous laissiez germer les rêves et que vous preniez des décisions. Prenez des risques, même si vous vous trompez. Ne survivez pas avec l'âme anesthésiée, et ne regardez pas le monde en touristes. Faites du bruit ! Repoussez dehors les craintes qui vous paralysent, afin de ne pas être changés en jeunes momifiés. Vivez ! Donnez-vous à ce qu'il y a de mieux dans la vie ! Ouvrez la porte de la cage et sortez voler ! S'il vous plaît, ne prenez pas votre retraite avant l'heure !

Les envies de vivre et d'expérimenter

144. Cette projection vers l'avenir qui se rêve ne signifie pas que les jeunes soient complètement lancés en avant, car, en même temps, il y a en eux un fort désir de vivre le présent, de profiter au maximum des possibilités que leur offre cette vie. Ce monde est rempli de beauté ! Comment dédaigner les dons de Dieu ?

145. Contrairement à ce que beaucoup pensent, le Seigneur ne veut pas affaiblir ces envies de vivre. Il est bon de se souvenir de ce qu'un sage de l'Ancien Testament enseignait : « Mon fils, si tu as de quoi, traite-toi bien [...] Ne te refuse

pas le bonheur présent » (*Si* 14, 11.14). Le Dieu véritable, celui qui t'aime, te veut heureux. C'est pourquoi, dans la Bible, nous voyons aussi ce conseil adressé aux jeunes : « Réjouis-toi, jeune homme, dans ta jeunesse, sois heureux aux jours de ton adolescence [...] Éloigne de ton cœur le chagrin » (*Qo* 11, 9-10). Car Dieu est celui qui « pourvoit largement à tout, *afin que nous en jouissions* » (*1Tm* 6, 17).

146. Comment pourra-t-il être reconnaissant à Dieu celui qui n'est pas capable de profiter de ses petits cadeaux quotidiens, celui qui ne sait pas s'arrêter devant les choses simples et agréables qu'il rencontre à chaque pas ? Car « il n'y a pas homme plus cruel que celui qui se torture soi-même » (*Si* 14, 6). Il ne s'agit pas d'être insatiable, toujours obsédé par le fait d'avoir toujours plus de plaisirs. Au contraire, cela t'empêcherait de vivre le présent. La question est de savoir ouvrir les yeux et de s'arrêter pour vivre pleinement, et avec gratitude, chaque petit don de la vie.

147. Il est clair que la Parole de Dieu ne t'invite pas seulement à préparer demain, mais à vivre le présent : « Ne vous inquiétez donc pas du lendemain : demain s'inquiétera de lui-même. A chaque jour suffit sa peine » (*Mt* 6, 34). Mais il ne s'agit pas de nous lancer dans une frénésie irresponsable qui nous laisserait vides et toujours insatisfaits ; mais de vivre le présent à fond, en utilisant les énergies pour de bonnes choses, en cultivant la fraternité, en suivant Jésus et en ap-

préciant chaque petite joie de la vie comme un don de l'amour de Dieu.

148. Dans ce sens, je voudrais rappeler que le Cardinal François-Xavier Nguyên Van Thuân, lorsqu'il était emprisonné dans un camp de concentration, ne voulait pas que ses journées consistent seulement à attendre et attendre un avenir. Son choix était de "vivre le moment présent en le remplissant d'amour" ; et il le faisait de la manière suivante : « Je profite des occasions qui se présentent tous les jours pour faire des actions ordinaires de manière extraordinaire ».[78] Pendant que tu te bats pour donner forme à tes rêves, vis pleinement l'aujourd'hui, remplis d'amour chaque moment et donne-le entièrement. Car il est vrai que cette journée de ta jeunesse peut être la dernière, et cela vaut donc la peine de la vivre avec toute l'envie et toute la profondeur possible.

149. Cela comprend aussi les moments difficiles qui doivent être vécus à fond pour parvenir à en découvrir le sens. Comme l'enseignent les évêques de Suisse : « Il est là où nous pensions qu'il nous avait abandonnés, et qu'il n'y avait plus de salut. C'est un paradoxe, mais la souffrance, les ténèbres se sont transformées, pour beaucoup de chrétiens […] en lieux de rencontre avec Dieu ».[79] De plus, le désir de vivre et de faire des

[78] *Cinco panes y dos peces: un gozoso testimonio de fe desde el sufrimiento en la cárcel*, México 1999, p. 21.

[79] Conférence des Evêques de Suisse, *Prendre le temps : pour toi, pour moi, pour nous*, 2 février 2018.

expériences nouvelles concerne en particulier beaucoup de jeunes en condition de handicap physique, psychique et sensoriel. Même s'ils ne peuvent pas toujours faire les mêmes expériences que leurs compagnons, ils ont des ressources surprenantes, inimaginables, qui parfois sortent de l'ordinaire. Le Seigneur Jésus les comble d'autres dons, que la communauté est appelée à mettre en valeur, pour qu'ils puissent découvrir son projet d'amour pour chacun d'eux.

Dans l'amitié avec le Christ

150. Bien que tu vives et fasses des expériences, tu ne parviendras pas à la pleine jeunesse, tu ne connaîtras pas la véritable plénitude d'être jeune, si tu ne rencontres pas chaque jour le grand ami, si tu ne vis pas dans l'amitié de Jésus.

151. L'amitié est un cadeau de la vie, un don de Dieu. Le Seigneur nous polit et nous fait mûrir à travers les amis. En même temps, les amis fidèles, qui sont à nos côtés dans les moments difficiles, sont un reflet de la tendresse du Seigneur, de son réconfort et de son aimable présence. Avoir des amis nous apprend à nous ouvrir, à prendre soin des autres, à les comprendre, à sortir de notre confort et de l'isolement, à partager la vie. C'est pourquoi : « Un ami fidèle n'a pas de prix » (*Si* 6,15).

152. L'amitié n'est pas une relation fugitive ou passagère, mais stable, solide, fidèle, qui mûrit avec le temps. Elle est une relation d'affection qui

nous fait sentir unis, et en même temps elle est un amour généreux, qui nous porte à chercher le bien de l'ami. Même si les amis peuvent être très différents entre eux, il y a toujours des choses en commun qui les portent à se sentir proches, et il y a une intimité qui se partage avec sincérité et confiance.

153. L'amitié est si importante que Jésus se présente comme un ami : « Je ne vous appelle plus serviteurs mais je vous appelle amis » (*Jn* 15, 15). Par la grâce qu'il nous donne, nous sommes élevés de telle sorte que nous sommes réellement ses amis. Nous pouvons l'aimer du même amour qu'il répand en nous, étendant son amour aux autres, dans l'espérance qu'eux aussi trouveront leur place dans la communauté d'amitié fondée par Jésus-Christ.[80] Et même s'il est déjà pleinement heureux, ressuscité, il est possible d'être généreux envers lui, en l'aidant à construire son Royaume en ce monde, en étant ses instruments pour porter son message et sa lumière, et surtout son amour, aux autres (cf. *Jn* 15, 16). Les disciples ont entendu l'appel de Jésus à l'amitié avec lui. C'est une invitation qui ne les a pas forcés, mais qui a été proposée délicatement à leur liberté : il leur dit « Venez et voyez », et « ils vinrent donc et virent où il demeurait, et ils demeurèrent auprès de lui ce jour-là » (*Jn* 1, 39). Après cette rencontre, intime et inespérée, ils ont tout laissé et ils ont été avec lui.

[80] Cf. Saint Thomas d'Aquin, *Summa Theologicae* II-II, q. 23, art. 1.

154. L'amitié avec Jésus est indéfectible. Il ne s'en va jamais, même si parfois il semble être silencieux. Quand nous en avons besoin, il se laisse rencontrer par nous (cf. *Jr* 29, 14) et il est à nos côtés, où que nous allions (cf. *Jos* 1, 9). Car il ne rompt jamais une alliance. Il demande que nous ne l'abandonnions pas : « Demeurez en moi » (*Jn* 15, 4). Mais si nous nous éloignons, « il reste fidèle, car il ne peut se renier lui-même » (*2Tm* 2, 13).

155. Nous parlons avec l'ami, nous partageons les choses les plus secrètes. Avec Jésus aussi, nous parlons. La prière est un défi et une aventure. Et quelle aventure ! Elle permet que nous le connaissions mieux chaque jour, que nous entrions dans sa profondeur et que nous grandissions dans une union plus forte. La prière nous permet de lui dire tout ce qui nous arrive et de rester confiants dans ses bras, et en même temps elle nous offre des instants de précieuse intimité et d'affection, où Jésus répand en nous sa propre vie. En priant, nous lui « ouvrons le jeu » et nous lui faisons la place « pour qu'il puisse agir et puisse entrer et puisse triompher ».[81]

156. Il est ainsi possible de faire l'expérience d'une union constante avec lui qui dépasse tout ce que nous pouvons vivre avec d'autres personnes : « Ce n'est plus moi qui vis, mais le Christ qui vit en moi » (*Ga* 2, 20). Ne prive pas ta

[81] *Discours aux volontaires lors des XXXIVèmes Journées Mondiales de la Jeunesse à Panama* (27 janvier 2019): *L'Osservatore Romano*, éd. française, n. 6 du 5 février 2019, p. 16.

jeunesse de cette amitié. Tu pourras le sentir à ton côté non seulement quand tu pries. Tu reconnaîtras qu'il marche avec toi à tout moment. Essaie de le découvrir et tu vivras la belle expérience de te savoir toujours accompagné. C'est ce qu'ont vécu les disciples d'Emmaüs quand Jésus se rendit présent et « marchait avec eux » (*Lc* 24, 15), alors qu'ils marchaient et parlaient, désorientés. Un saint a dit que « le christianisme n'est pas un ensemble de vérités à croire, de lois à suivre, d'interdictions. Il devient repoussant de cette manière. Le christianisme est une Personne qui m'a aimé tellement qu'il demande mon amour. Le christianisme, c'est le Christ ».[82]

157. Jésus peut réunir tous les jeunes de l'Église en un unique rêve, « un grand rêve et un rêve capable d'abriter tout le monde. Ce rêve pour lequel Jésus a donné sa vie sur la croix et que l'Esprit Saint a répandu et a marqué au feu, le jour de la Pentecôte, dans le cœur de tout homme et de toute femme, dans le cœur de chacun [...] Il l'a gravé dans l'attente de trouver de la place pour grandir et pour se développer. Un rêve, un rêve appelé Jésus semé par le Père, Dieu comme Lui – comme le Père – envoyé par le Père, dans la confiance qu'il grandira et vivra en chaque cœur. Un rêve concret, qui est une personne, qui circule dans nos veines, qui fait frissonner le cœur et le fait danser chaque fois que nous l'écoutons ».[83]

[82] Saint Oscar Romero, *Homilía* (6 novembre 1977): *Su pensamiento*, I-II, San Salvador 2000, 312.

[83] *Discours lors de la cérémonie d'ouverture des XXXIVèmes Jour-*

158. Beaucoup de jeunes ont le souci de leur corps, se préoccupent du développement de la force physique ou de l'apparence. D'autres s'inquiètent de développer leurs capacités et leurs connaissances, et ils se sentent ainsi plus sûrs. Certains visent plus haut, essayent de s'engager davantage et cherchent un développement spirituel. Saint Jean disait : « Je vous ai écrit, jeunes gens, parce que vous êtes forts, que la parole de Dieu demeure en vous » (*1Jn* 2, 14). Chercher le Seigneur, garder sa Parole, essayer de répondre par sa propre vie, grandir dans les vertus, cela rend fort le cœur des jeunes. C'est pourquoi il faut garder la connexion avec Jésus, être en ligne avec lui, puisque tu ne grandiras pas en bonheur et en sainteté par tes seules forces ni par ton esprit. De même que tu fais attention à ne pas perdre la connexion Internet, fais attention à ce que ta connexion avec le Seigneur reste active ; et cela signifie ne pas couper le dialogue, l'écouter, lui raconter tes affaires et, quand tu ne sais pas clairement ce que tu dois faire, lui demander : Jésus, qu'est-ce que tu ferais à ma place ?[84]

159. J'espère que tu t'estimes toi-même, que tu te prends au sérieux, que tu cherches ta croissance

nées Mondiales de la Jeunesse à Panama (24 janvier 2019): *L'Osservatore Romano*, éd. française, n. 5 du 29 janvier 2019, pp. 8-9.

[84] Cf. *Rencontre avec les jeunes dans le Sanctuaire National de Maipú, Santiago du Chili* (17 janvier 2018): *L'Osservatore Romano*, éd. française, n. 4 du 25 janvier 2018, pp. 4-5.

spirituelle. En plus des enthousiasmes propres à la jeunesse, il y a la beauté de chercher « la justice, la foi, la charité, la paix » (*2Tm* 2, 22). Cela ne veut pas dire perdre la spontanéité, le courage, l'enthousiasme, la tendresse. Car devenir adulte ne signifie pas abandonner les valeurs les meilleures de cette étape de la vie. Autrement, le Seigneur pourrait un jour te faire des reproches : « Je me rappelle l'affection de ta jeunesse, l'amour de tes fiançailles, alors que tu marchais derrière moi au désert » (*Jr* 2, 2).

160. Au contraire, même un adulte doit mûrir sans perdre les valeurs de la jeunesse. Car chaque étape de la vie est une grâce qui demeure ; elle renferme une valeur qui ne doit pas passer. Une jeunesse bien vécue reste comme une expérience intérieure, et elle est reprise dans la vie adulte, elle est approfondie et continue à donner du fruit. Si le propre du jeune est de se sentir attiré par l'infini qui s'ouvre et qui commence,[85] un risque de la vie adulte, avec ses sécurités et ses conforts, est de restreindre toujours plus cet horizon et de perdre cette valeur propre aux années de la jeunesse. Or le contraire devrait arriver : mûrir, grandir et organiser sa vie sans perdre cet attrait, cette vaste ouverture, cette fascination pour une réalité qui est toujours plus. A chaque moment de la vie, nous devrions pouvoir renouveler et renforcer la jeunesse. Quand j'ai commencé mon

[85] Cf. Romano Guardini, *Le età della vita*, in *Opera omnia* IV, 1, ed. Morcelliana, Brescia 2015, p. 209.

ministère de Pape, le Seigneur m'a élargi les horizons et m'a offert une nouvelle jeunesse. La même chose peut arriver pour un mariage célébré il y a de nombreuses années, ou pour un moine entré dans son monastère. Il y a des choses qui demandent des années pour "s'établir", mais ce mûrissement peut cohabiter avec un feu qui se renouvelle, avec un cœur toujours jeune.

161. Grandir, c'est conserver et nourrir les choses les plus précieuses que la jeunesse te laisse, mais, en même temps, c'est être ouvert à purifier ce qui n'est pas bon et à recevoir de nouveaux dons de Dieu qui t'appelle à développer ce qui a de la valeur. Parfois, le complexe d'infériorité peut te conduire à ne pas vouloir voir tes défauts et tes faiblesses, et tu peux de la sorte te fermer à la croissance et à la maturation. Il est mieux de te laisser aimer par Dieu, qui t'aime comme tu es, qui t'estime et te respecte, mais qui, aussi, te propose toujours plus : plus de son amitié, plus de ferveur dans la prière, plus de faim de sa Parole, plus de désir de recevoir le Christ dans l'Eucharistie, plus de désir de vivre son Évangile, plus de force intérieure, plus de paix et de joie spirituelle.

162. Mais je te rappelle que tu ne seras pas saint ni accompli, en copiant les autres. Imiter les saints ne signifie pas copier leur manière d'être et de vivre la sainteté : « Il y a des témoins qui sont utiles pour nous encourager et pour nous motiver, mais non pour que nous les copiions, car cela pourrait même nous éloigner de la route unique

et spécifique que le Seigneur veut pour nous ».[86] Tu dois découvrir qui tu es et développer ta manière propre d'être saint, au-delà de ce que disent et pensent les autres. Arriver à être saint, c'est arriver à être plus pleinement toi-même, à être ce que Dieu a voulu rêver et créer, pas une photocopie. Ta vie doit être un aiguillon prophétique qui stimule les autres, qui laisse une marque dans ce monde, cette marque unique que toi seul pourras laisser. En revanche, si tu copies, tu priveras cette terre, et aussi le ciel, de ce que personne d'autre que toi ne pourra offrir. Je me rappelle que saint Jean de la Croix, dans son *Cantique Spirituel*, écrit que chacun doit tirer profit de ses conseils spirituels « à sa façon »,[87] car le même Dieu a voulu manifester sa grâce « d'une manière aux uns, et aux autres d'une autre ».[88]

Sentiers de fraternité

163. Ton développement spirituel s'exprime avant tout en grandissant dans l'amour fraternel, généreux, miséricordieux. Saint Paul le disait : « Que le Seigneur vous fasse croître et abonder dans l'amour que vous avez les uns envers les autres et envers tous » (*1Th* 3, 12). Si seulement tu vivais toujours plus cette "extase" de sortir de toi-même pour chercher le bien des autres jusqu'à donner ta vie.

[86] Exhort. ap. *Gaudete et exsultate* (19 mars 2018), n. 11.
[87] *Cantique Spirituel B*, Prologue, n. 2.
[88] *Ibid.*, XIV-XV, n. 2.

164. Une rencontre avec Dieu prend le nom "d'extase" lorsqu'elle nous sort de nous-mêmes et nous élève, captivés par l'amour et la beauté de Dieu. Mais nous pouvons aussi être sortis de nous-mêmes pour reconnaître la beauté cachée en tout être humain, sa dignité, sa grandeur en tant qu'image de Dieu et d'enfant du Père. L'Esprit Saint veut nous stimuler pour que nous sortions de nous-mêmes, embrassions les autres par amour et recherchions leur bien. Par conséquent, il est toujours mieux de vivre la foi ensemble et d'exprimer notre amour dans une vie communautaire, en partageant avec d'autres jeunes notre affection, notre temps, notre foi et nos préoccupations. L'Église propose beaucoup de lieux divers pour vivre la foi en communauté, car tout est plus facile ensemble.

165. Les blessures que tu as reçues peuvent te porter à la tentation de l'isolement, à te replier sur toi-même, à accumuler les ressentiments ; mais tu ne dois jamais cesser d'écouter l'appel de Dieu au pardon. Comme l'ont bien enseigné les évêques du Rwanda : « La réconciliation avec l'autre demande d'abord de découvrir en lui la splendeur de l'image de Dieu [...] Dans cette optique, il est vital de distinguer le pécheur de son péché et de son offense, pour arriver à la vraie réconciliation. Cela veut dire que tu haïsses le mal que l'autre t'inflige, mais que tu continues de l'aimer parce que tu reconnais sa faiblesse et vois l'image de Dieu en lui ».[89]

[89] Conférence épiscopale du Rwanda, *Lettre des évêques catholiques aux fidèles pendant l'année spéciale de la réconciliation au Rwanda*, Kigali (18 janvier 2018), n. 17.

166. Parfois, toute l'énergie, les rêves et l'enthousiasme de la jeunesse s'affaiblissent par la tentation de nous enfermer en nous-mêmes, dans nos difficultés, dans la blessure de nos sentiments, dans nos plaintes et dans notre confort. Ne permets pas que cela t'arrive, parce que tu deviendras vieux intérieurement, avant l'heure. Chaque âge a sa beauté, et la jeunesse possède l'utopie communautaire, la capacité de rêver ensemble, les grands horizons que nous fixons ensemble.

167. Dieu aime la joie des jeunes et il les invite spécialement à cette joie qui se vit en communion fraternelle, à cette allégresse supérieure de celui qui sait partager, parce que « il y a plus de bonheur à donner qu'à recevoir » (*Ac* 20, 35) et que « Dieu aime celui qui donne avec joie » (*2Co* 9, 7). L'amour fraternel multiplie notre capacité de bonheur car il nous rend capable d'être heureux du bien des autres : « Réjouissez-vous avec qui est dans la joie » (*Rm* 12, 15). Que la spontanéité et l'élan de ta jeunesse se changent chaque jour davantage en spontanéité de l'amour fraternel, en courage pour répondre toujours par le pardon, par la générosité, par l'envie de faire communauté. Un proverbe africain dit : "Si tu veux aller vite, marche seul. Si tu veux aller loin, marche avec les autres". Ne nous laissons pas voler la fraternité.

Des jeunes engagés

168. Il est vrai que, parfois, face à un monde rempli de violences et d'égoïsme, les jeunes

peuvent courir le risque de s'enfermer dans de petits groupes, et se priver ainsi des défis de la vie en société, d'un monde vaste, stimulant et dans le besoin. Ils sentent qu'ils vivent l'amour fraternel, mais peut-être leur groupe s'est-il changé en un simple prolongement de soi. Cela devient plus grave si la vocation de laïc se conçoit seulement comme un service à l'intérieur de l'Église (lecteurs, acolytes, catéchiste, etc.), oubliant que la vocation laïque consiste avant tout dans la charité en famille, la charité sociale et la charité politique : elle est un engagement concret, à partir de la foi, pour la construction d'une société nouvelle, elle consiste à vivre au milieu du monde et de la société pour évangéliser ses diverses instances, pour faire grandir la paix, la cohabitation, la justice, les droits humains, la miséricorde, et étendre ainsi le Règne de Dieu dans le monde.

169. Je propose aux jeunes d'aller au-delà des groupes d'amis et de construire l' « amitié sociale, chercher le bien commun. L'inimitié sociale détruit. Et l'inimitié détruit une famille. L'inimitié détruit un pays. L'inimitié détruit le monde. Et l'inimitié la plus grande, c'est la guerre. Et aujourd'hui, nous voyons que le monde est en train d'être détruit par la guerre, parce qu'ils sont incapables de s'asseoir et de se parler […]. Soyez capables de créer l'amitié sociale ».[90] Ce n'est pas

[90] *Salut aux jeunes du Centre Culturel Père Félix Varela à La Havane* (20 septembre 2015): *L'Osservatore Romano*, éd. française, n. 39 du 24 septembre 2015, p. 9.

facile. Il faut toujours renoncer à quelque chose, il faut négocier, mais si nous le faisons en pensant au bien de tous, nous pourrons réaliser la magnifique expérience de laisser de côté les différences pour lutter ensemble pour une chose commune. Oui, essayons de chercher les points de coïncidence parmi les nombreuses dissensions, dans cet effort artisanal parfois coûteux de jeter des ponts, de construire une paix qui soit bonne pour tous ; cela c'est le miracle de la culture de la rencontre que les jeunes peuvent oser vivre avec passion.

170. Le Synode a reconnu que « bien que sous une forme différente par rapport aux générations passées, l'engagement social est un trait spécifique des jeunes d'aujourd'hui. A côté de certains qui restent indifférents, il y en a beaucoup d'autres qui sont disponibles pour des initiatives de volontariat, de citoyenneté active et de solidarité sociale : il est important de les accompagner et de les encourager pour faire émerger leurs talents, leurs compétences et leur créativité et pour inciter à la prise de responsabilité de leur part. L'engagement social et le contact direct avec les pauvres demeurent une occasion fondamentale de découverte et d'approfondissement de la foi et de discernement de sa propre vocation. [...] La disponibilité en faveur de l'engagement dans le domaine politique en vue du bien commun a été signalée ».[91]

[91] *DF*, n. 46.

171. Aujourd'hui, grâce à Dieu, les groupes de jeunes en paroisse, dans les collèges, dans les mouvements, ou les groupes universitaires, sortent souvent pour accompagner les personnes âgées et malades, ou visiter les quartiers pauvres, ou bien sortent ensemble pour aider les personnes dans le besoin dans ce qu'on appelle les "nuits de la charité". Ils reconnaissent souvent que, dans ces activités, ils reçoivent plus qu'ils ne donnent, car on apprend et mûrit beaucoup lorsqu'on ose entrer en contact avec la souffrance des autres. De plus, il y a chez les pauvres une sagesse cachée, et ils peuvent, avec des mots simples, nous aider à découvrir des valeurs que nous ne voyons pas.

172. D'autres jeunes participent à des programmes sociaux pour construire des maisons pour ceux qui n'ont pas de toit, ou pour assainir des lieux pollués, ou pour collecter des aides pour les personnes les plus nécessiteuses. Il serait bon que cette énergie communautaire s'applique non seulement à des actions ponctuelles, mais de manière stable, avec des objectifs clairs et une bonne organisation qui aide à réaliser un travail plus suivi et plus efficace. Les étudiants peuvent s'unir de manière interdisciplinaire pour appliquer leur savoir à la résolution de problèmes sociaux, et ils peuvent, dans cette tâche, travailler au coude à coude avec les jeunes d'autres Églises ou d'autres religions.

173. Comme dans le miracle de Jésus, les pains et les poissons des jeunes peuvent se multiplier

(cf. *Jn* 6, 4-13). De même que dans la parabole, les petites semences des jeunes se transforment en arbres et en récoltes (cf. *Mt* 13, 23. 31-32). Tout cela à partir de la source vive de l'Eucharistie dans laquelle notre pain et notre vin sont transfigurés pour nous donner la vie éternelle. Si on demande aux jeunes un travail important et difficile, ils pourront, avec la foi dans le Ressuscité, l'affronter avec créativité et espérance, et en se disposant toujours au service, comme les serviteurs de ces noces, surpris d'être les collaborateurs du premier signe de Jésus, qui ont seulement suivi la consigne de sa Mère : « Tout ce qu'il vous dira, faites-le » (*Jn* 2, 5). Miséricorde, créativité et espérance font grandir la vie.

174. Je veux t'inciter à cet engagement, parce que je sais que « ton cœur, cœur jeune, veut construire un monde meilleur. Je suis les nouvelles du monde et je vois que de nombreux jeunes, en tant de parties du monde, sont sortis sur les routes pour exprimer le désir d'une civilisation plus juste et fraternelle. Les jeunes sur les routes. Ce sont des jeunes qui veulent être protagonistes du changement. S'il vous plaît, ne laissez pas les autres être protagonistes du changement ! Vous, vous êtes ceux qui ont l'avenir ! Par vous l'avenir entre dans le monde. Je vous demande aussi d'être protagonistes de ce changement. Continuez à vaincre l'apathie, en donnant une réponse chrétienne aux inquiétudes sociales et politiques, présentes dans diverses parties du

monde. Je vous demande d'être constructeurs du monde, de vous mettre au travail pour un monde meilleur. Chers jeunes, s'il vous plaît, ne regardez pas la vie "du balcon", mettez-vous en elle, Jésus n'est pas resté au balcon, il s'est immergé ; ne regardez pas la vie "du balcon", immergez-vous en elle comme l'a fait Jésus ».[92]

Des missionnaires courageux

175. Amoureux du Christ, les jeunes sont appelés à témoigner de l'Évangile partout, par leur propre vie. Saint Albert Hurtado disait : « Être apôtre ce n'est pas porter un insigne à la boutonnière de la veste ; ce n'est pas parler de la vérité mais la vivre, s'incarner en elle, devenir Christ. Être apôtre ce n'est pas porter une torche à la main, posséder la lumière mais être la lumière [...] L'Évangile [...] plus qu'un enseignement est un exemple. Le message changé en vie vécue ».[93]

176. La valeur du témoignage ne signifie pas que l'on doit faire taire la Parole. Pourquoi ne pas parler de Jésus, pourquoi ne pas dire aux autres qu'il donne la force de vivre, qu'il est bon de parler avec lui, que méditer ses paroles nous fait du bien ? Jeunes, ne permettez pas que le monde

[92] *Discours de la veillée des XXVIIIèmes Journées Mondiales de la Jeunesse à Río de Janeiro* (27 juillet 2013) : *AAS* 105 (2013), 663: *L'Osservatore Romano*, éd. française, n. 31 du 1 août 2013, p. 20.

[93] *Ustedes son la luz del mundo*, Discours au Cerro San Cristóbal, Chili, 1940: https://www.padrealbertohurtado.cl/escritos-2/.

vous entraîne à partager seulement les choses mauvaises ou superficielles. Soyez capables d'aller à contre-courant et sachez partager Jésus, communiquez la foi qu'il vous a offerte. Si seulement vous pouviez sentir dans le cœur le même mouvement irrésistible qui agitait saint Paul quand il disait : « Malheur à moi si je n'annonce pas l'Évangile » (*1Co* 9, 16).

177. « Où nous envoie Jésus ? Il n'y a pas de frontières, il n'y a pas de limites : il nous envoie à tous. L'Évangile est pour tous et non pour quelques-uns. Il n'est pas seulement pour ceux qui semblent plus proches, plus réceptifs, plus accueillants. Il est pour tous. N'ayez pas peur d'aller, et de porter le Christ en tout milieu, jusqu'aux périphéries existentielles, également à celui qui semble plus loin, plus indifférent. Le Seigneur est à la recherche de tous, il veut que tous sentent la chaleur de sa miséricorde et de son amour ».[94] Il nous invite à aller sans crainte avec l'annonce missionnaire, là où nous nous trouvons et avec qui nous sommes, dans le quartier, au bureau, au sport, lors des sorties avec les amis, dans le bénévolat ou dans le travail ; toujours il est bon et opportun de partager la joie de l'Évangile. C'est ainsi que le Seigneur va chercher tout le monde. Et vous, jeunes, il veut que vous soyez ses instruments pour répandre lumière et espérance, car il

[94] *Homélie de la Messe des XXVIII*[èmes] *Journées Mondiales de la Jeunesse à Río de Janeiro* (28 juillet 2013) : *AAS* 105 (2013), 665: *L'Osservatore Romano*, éd. française, n. 31 du 1 août 2013, p. 12.

veut compter sur votre audace, votre courage et votre enthousiasme.

178. Il ne faut pas espérer que la mission soit facile et confortable. Certains jeunes ont donné leur vie afin de ne pas arrêter leur élan missionnaire. Les évêques de Corée ont déclaré : « Nous attendons de pouvoir être des grains de blé et des instruments pour le salut de l'humanité, en suivant l'exemple des martyrs. Même si notre foi est toute petite comme une semence de moutarde, Dieu lui donnera la croissance et l'utilisera comme un instrument pour son œuvre de salut ».[95] Chers amis, n'attendez pas demain pour collaborer à la transformation du monde avec votre énergie, votre audace et votre créativité. Votre vie n'est pas un « entre-temps ». Vous êtes l'*heure* de Dieu qui vous veut féconds.[96] Car « c'est en donnant que l'on reçoit »,[97] et la meilleure manière de préparer un bon avenir est de bien vivre le présent dans le don et la générosité.

[95] Conférence épiscopale catholique de Corée, *Pastoral Letter on the Occasion of the 150th Anniversary of the Martyrdom during the Byeong-in Persecution* (30 mars 2016).

[96] Cf. *Homélie de la Messe des XXXIV*èmes *Journées Mondiales de la Jeunesse à Panama* (27 janvier 2019): *L'Osservatore Romano*, éd. française, n. 6 du 5 février 2019, p. 13.

[97] Prière "*Seigneur, fais de moi un instrument de ta paix*", *attribuée à Saint François d'Assise.*

CHAPITRE 6

DES JEUNES AVEC DES RACINES

179. J'ai parfois vu de jeunes arbres, beaux, cherchant toujours davantage à élever leurs branches vers le ciel, et qui ressemblaient à un chant d'espérance. Plus tard, après une tempête, je les ai vus tombés, sans vie. C'est parce qu'ils n'avaient pas beaucoup de racines ; ils avaient déployé leurs branches sans bien s'enraciner dans la terre et ils ont cédé aux assauts de la nature. C'est pourquoi je souffre de voir que certains proposent aux jeunes de construire un avenir sans racines, comme si le monde commençait maintenant. Car « il est impossible que quelqu'un grandisse s'il n'a pas de racines fortes qui aident à être bien debout et enraciné dans la terre. Il est facile de se disperser, quand on n'a pas où s'attacher, où se fixer ».[98]

Qu'ils ne t'arrachent pas de la terre

180. Ce n'est pas une question secondaire, et il me semble bon d'y consacrer un bref chapitre. Comprendre cela permet de distinguer la joie

[98] *Discours de la veillée avec les jeunes lors des XXXIVèmes Journées Mondiales de la Jeunesse* à Panama (26 janvier 2019): *L'Osservatore Romano*, éd. française, 6 du 5 février 2019, p. 10.

de la jeunesse d'un faux culte à la jeunesse que quelques-uns utilisent pour séduire les jeunes et les utiliser à leurs fins.

181. Pensez à cela : si quelqu'un vous fait une proposition et vous dit d'ignorer l'histoire, de ne pas reconnaître l'expérience des aînés, de mépriser le passé et de regarder seulement vers l'avenir qu'il vous propose, n'est-ce pas une manière facile de vous piéger avec sa proposition afin que vous fassiez seulement ce qu'il vous dit ? Cette personne vous veut vides, déracinés, méfiants de tout, pour que vous ne fassiez confiance qu'à ses promesses et que vous vous soumettiez à ses projets. C'est ainsi que fonctionnent les idéologies de toutes les couleurs, qui détruisent (ou dé-construisent) tout ce qui est différent et qui, de cette manière, peuvent régner sans opposition. Pour cela elles ont besoin de jeunes qui méprisent l'histoire, qui rejettent la richesse spirituelle et humaine qui a été transmise au cours des générations, qui ignorent tout ce qui les a précédés.

182. En même temps, les manipulateurs utilisent d'autres moyens : une vénération de la jeunesse, comme si tout ce qui n'est pas jeune était détestable et caduque. Le corps jeune devient le symbole de ce nouveau culte, et donc tout ce qui a rapport avec ce corps est idolâtré, désiré sans limites ; et ce qui n'est pas jeune est regardé avec mépris. Mais c'est une arme qui, surtout, finit par dégrader les jeunes eux-mêmes, les vide des vraies valeurs, les utilise pour obtenir des avantages personnels, économiques ou politiques.

183. Chers jeunes, n'acceptez pas qu'on utilise votre jeunesse pour favoriser une vie superficielle qui confond beauté et apparence. Il est mieux que vous sachiez découvrir qu'il y a de la beauté chez le travailleur qui rentre chez lui sale et décoiffé, mais avec la joie d'avoir gagné le pain pour ses enfants. Il y a une beauté extraordinaire dans la communion de toute une famille à table, et dans le pain partagé avec générosité, même si la table est très pauvre. Il y a de la beauté chez l'épouse mal coiffée et un peu âgée qui reste à s'occuper de son mari malade, au-delà de ses forces et de sa propre santé. Même si le printemps des fiançailles est passé, il y a de la beauté dans la fidélité des couples qui s'aiment à l'automne de leur vie, et chez ces vieillards qui marchent de pair. Il y a de la beauté, au-delà des apparences et de l'esthétique en vogue, en tout homme et en toute femme qui vit avec amour sa vocation personnelle, dans le service désintéressé de la communauté, de la patrie, dans le travail anonyme et gratuit pour rétablir l'amitié sociale. Découvrir, montrer et mettre en avant cette beauté, qui ressemble à celle du Christ sur la croix, c'est poser les fondations de la véritable solidarité sociale et de la culture de la rencontre.

184. Avec les stratégies du faux culte de la jeunesse et de l'apparence, on promeut aujourd'hui une spiritualité sans Dieu, une affectivité sans communauté et sans engagement envers ceux qui souffrent, une crainte des pauvres vus comme des

personnes dangereuses, et une série d'offres qui prétendent vous créer un avenir paradisiaque qui sera sans cesse reporté à plus tard. Je ne veux pas vous proposer cela, et, avec toute mon affection, je veux vous mettre en garde de ne pas vous laisser dominer par cette idéologie qui ne vous rendra pas davantage jeunes, mais qui fera de vous des esclaves. Je vous propose un autre chemin, fait de liberté, d'enthousiasme, de créativité, d'horizons nouveaux, mais en cultivant en même temps ces racines qui nourrissent et soutiennent.

185. Dans ce sens, je veux souligner que « de nombreux Pères synodaux provenant de milieux non occidentaux signalent que, dans leurs pays, la mondialisation porte en elle d'authentiques formes de colonisation culturelle, qui déracinent les jeunes des appartenances culturelles et religieuses dont ils proviennent. Un engagement de l'Église est nécessaire pour les accompagner dans ce passage sans qu'ils perdent les traits les plus précieux de leur identité ».[99]

186. Nous voyons aujourd'hui une tendance à homogénéiser les jeunes, à dissoudre les différences propres à leur lieu d'origine, à les transformer en êtres manipulables, fabriqués en série. Il se produit ainsi une destruction culturelle qui est aussi grave que la disparition des espèces animales et végétales.[100] C'est pourquoi, dans un

[99] *DF*, n. 14.

[100] Cf. Lett. enc. *Laudato si'* (24 mai 2015): *AAS* 107 (2015), 906.

message aux jeunes indigènes réunis à Panama, je les ai exhortés à « assumer leurs racines, parce que c'est des racines que vient la force qui vous fera grandir, fleurir, porter des fruits ».[101]

Ta relation avec les personnes âgées

187. Il a été dit au Synode que « les jeunes sont projetés vers le futur et affrontent la vie avec énergie et dynamisme. Ils sont toutefois tentés aussi de se concentrer sur la jouissance du présent et tendent parfois à accorder peu d'attention à la mémoire du passé d'où ils proviennent, en particulier des nombreux dons que leur ont transmis leurs parents, leurs grands-parents et le bagage culturel de la société dans laquelle ils vivent. Aider les jeunes à découvrir la richesse vivante du passé, en en faisant mémoire et en s'en servant pour leurs choix et pour le développement de leurs potentialités, est un acte d'amour véritable à leur égard, en vue de leur croissance et des choix qu'ils sont appelés à faire ».[102]

188. La Parole de Dieu recommande de ne pas perdre le contact avec les personnes âgées afin de pouvoir recourir à leur expérience : « Tiens-toi dans l'assemblée des vieillards et si tu vois un sage, attache-toi à lui [...] Si tu vois un homme

[101] *Videomessage pour la Rencontre des Mondiale de la Jeunesse Indigène à Panama* (17-21 janvier 2019): *L'Osservatore Romano*, éd. française, n. 4 du 22 janvier 2019, p. 16.

[102] *DF*, n. 35.

de sens, va vers lui dès le matin, et que tes pas usent le seuil de sa porte » (*Si* 6, 34.36). De toute manière, les longues années qu'ils ont vécues et tout ce qui est arrivé dans leur vie doivent nous porter à les considérer avec respect : « Tu te lèveras devant une tête chenue » (*Lv* 19, 32). Car « la fierté des jeunes gens, c'est leur vigueur, la parure des vieillards, c'est leur tête chenue » (*Pr* 20, 29).

189. La Bible nous demande : « Écoute ton père qui t'a engendré, ne méprise pas ta mère devenue vieille » (*Pr* 23, 22). Le commandement d'honorer son père et sa mère « est le premier commandement auquel soit attachée une promesse » (*Ep* 6, 2 ; cf. *Ex* 20, 12 ; *Dt* 5, 16 ; *Lv* 19, 3), et la promesse est : « tu t'en trouveras bien et jouiras d'une longue vie sur la terre » (*Ep* 6, 3).

190. Cela ne signifie pas que tu doives être d'accord avec tout ce qu'ils disent, ni que tu doives approuver toutes leurs actions. Un jeune devrait toujours avoir un esprit critique. Saint Basile le Grand, en parlant des auteurs grecs anciens, recommandait aux jeunes de les estimer mais d'accueillir seulement ce qu'ils peuvent enseigner de bon.[103] Il s'agit simplement d'être ouvert pour recueillir une sagesse qui se communique de génération en génération, qui peut coexister avec certaines misères humaines, et qui n'a pas à disparaître devant les nouveautés de la consommation et du marché.

[103] Cf. *Ad adolescentes*, I, 2: *PG* 31, 566.

191. La rupture entre générations n'a jamais aidé le monde et ne l'aidera jamais. Ce sont les chants des sirènes d'un avenir sans racines, sans ancrage. C'est le mensonge qui te fait croire que seul ce qui est nouveau est bon et beau. L'existence de relations intergénérationnelles implique que les communautés possèdent une mémoire collective, car chaque génération reprend les enseignements de ceux qui ont précédé, laissant un héritage à ceux qui suivront. Cela constitue le cadre de référence pour consolider fermement une nouvelle société. Comme le dit le dicton : "Si jeunesse savait, si vieillesse pouvait, il n'y aurait rien qui ne puisse se faire".

Rêves et visions

192. Dans la prophétie de Joël nous trouvons l'annonce qui nous permet de comprendre cela d'une manière très belle. Il dit : « Je répandrai de mon Esprit sur toute chair. Alors vos fils et vos filles prophétiseront, vos jeunes gens auront des visions et vos vieillards des songes » (*Jl* 3, 1 ; cf. *Ac* 2, 17). Si les jeunes et les anciens s'ouvrent à l'Esprit Saint, ils forment une association merveilleuse. Les anciens rêvent et les jeunes ont des visions. Comment se complètent ces deux choses ?

193. Les anciens ont des rêves faits de souvenirs, de beaucoup de choses vécues, avec l'empreinte de l'expérience des années. Si les jeunes s'enracinent dans ces rêves des anciens, ils arrivent à voir l'avenir, ils peuvent avoir des visions

qui leur ouvrent l'horizon et leur montrent de nouveaux chemins. Mais si les anciens ne rêvent pas, les jeunes ne peuvent plus voir clairement l'horizon.

194. Il est beau de trouver dans ce qu'ont gardé nos parents, un souvenir qui nous permet d'imaginer ce que nos grands-pères et nos grand-mères ont rêvé pour nous. Tout être humain, même avant de naître, a reçu de ses ancêtres, en don, la bénédiction d'un rêve plein d'amour et d'espérance : celui d'une vie meilleure pour lui. Et s'il ne l'a pas reçu de ses grands-parents, un arrière-grand-parent l'a rêvé et s'est réjoui pour lui en regardant le berceau de ses enfants puis, celui de ses petits-enfants. Le rêve premier, le rêve créateur de Dieu notre Père précède et accompagne la vie de tous ses enfants. Faire mémoire de cette bénédiction qui se poursuit de génération en génération est un héritage précieux qu'il faut savoir garder vivant pour pouvoir le transmettre nous aussi.

195. Pour cela, il est bon de faire en sorte que les personnes âgées racontent de longues histoires, qui semblent parfois mythiques, fantaisistes – ce sont des rêves d'anciens – mais elles sont très souvent remplies d'une riche expérience, de symboles éloquents, de messages cachés. Ces récits demandent du temps, que nous donnons gratuitement pour écouter et interpréter avec patience, car ils n'entrent pas dans un message des réseaux sociaux. Nous devons accepter que toute

la sagesse dont nous avons besoin pour la vie ne puisse pas être enfermée dans les limites qu'imposent les moyens de communication actuels.

196. Dans le livre *La sagesse du temps*,[104] j'ai exprimé certains souhaits sous forme de requêtes : « Qu'est-ce que je demande aux anciens parmi lesquels je me compte moi-même ? Je demande que nous soyons les gardiens de la mémoire. Les grands-pères et les grands-mères doivent former un chœur. Je m'imagine les anciens comme le chœur permanent d'un grand sanctuaire spirituel, dans lequel les prières de demande et les chants de louange soutiennent la communauté tout entière qui travaille et lutte sur le terrain de la vie ».[105] C'est beau que « les jeunes hommes, aussi les vierges, les vieillards avec les enfants louent le nom du Seigneur » (*Ps* 148, 12-13).

197. Nous, les anciens, que pouvons-nous leur donner ? « Nous pouvons rappeler aux jeunes d'aujourd'hui, qui vivent leur propre mélange d'ambitions héroïques et d'insécurités, qu'une vie sans amour est une vie inféconde ».[106] Que pouvons-nous leur dire ? « Nous pouvons dire aux jeunes qui ont peur que l'anxiété face à l'avenir peut être vaincue ».[107] Que pouvons-nous leur ap-

[104] Cf. *La saggezza del tempo. In dialogo con Papa Francesco sulle grandi questioni della vita.* A cura di Antonio Spadaro, Venezia 2018.

[105] *Ibid.*, n. 12.

[106] *Ibid.*, n. 13.

[107] *Ibid.*

prendre ? « Nous pouvons apprendre aux jeunes trop préoccupés d'eux-mêmes que l'on fait l'expérience d'une plus grande joie à donner qu'à recevoir, et que l'amour ne se montre pas seulement par des paroles, mais aussi par des actes ».[108]

Risquer ensemble

198. L'amour qui se donne et qui opère se trompe souvent. Celui qui agit, celui qui risque, peut commettre des erreurs. Il peut être à présent intéressant de rapporter ici le témoignage de Maria Gabriela Perin: orpheline de père depuis sa naissance, elle réfléchit sur la manière dont une relation, qui n'a pas duré mais qui l'a rendue mère et maintenant grand-mère, a influencé sa vie : « Ce que je sais c'est que Dieu crée des histoires. Dans son génie et sa miséricorde, il prend nos victoires et nos échecs et tisse de belles tapisseries pleines d'humour. Le revers du tissage peut sembler désordonné avec ses fils emmêlés – les événements de notre vie – sûrement c'est sur ce côté que nous faisons une fixation quand nous avons des doutes. Cependant, le bon côté de la tapisserie présente une histoire magnifique, et c'est le côté que Dieu voit ».[109] Quand les personnes aînées regardent attentivement la vie, elles savent souvent de manière instinctive ce qu'il y a derrière les fils emmêlés, et elles reconnaissent ce que Dieu fait de façon créative, même avec nos erreurs.

[108] *Ibid.*
[109] *Ibid.*, n. 162-163.

199. Si nous marchons ensemble, jeunes et vieux, nous pourrons être bien enracinés dans le présent, et, de là, fréquenter le passé et l'avenir : fréquenter le passé, pour apprendre de l'histoire et pour guérir les blessures qui parfois nous conditionnent ; fréquenter l'avenir pour nourrir l'enthousiasme, faire germer des rêves, susciter des prophéties, faire fleurir des espérances. De cette manière, nous pourrons, unis, apprendre les uns des autres, réchauffer les cœurs, éclairer nos esprits de la lumière de l'Évangile et donner de nouvelles forces à nos mains.

200. Les racines ne sont pas des ancres qui nous enchaînent à d'autres époques et qui nous empêchent de nous incarner dans le monde actuel pour faire naître quelque chose de nouveau. Elles sont, au contraire, un point d'ancrage qui nous permet de nous développer et de répondre à de nouveaux défis. Il ne faut pas non plus « nous asseoir pour regretter le temps passé ; nous devons accepter avec réalisme et amour notre culture et la remplir de l'Évangile. Nous sommes envoyés aujourd'hui pour annoncer la Bonne Nouvelle de Jésus aux temps nouveaux. Nous devons aimer notre temps avec ses possibilités et ses risques, avec ses joies et ses souffrances, avec ses risques et ses limites, avec ses succès et ses erreurs ».[110]

[110] Eduardo Pironio, *Mensaje a los jóvenes argentinos en el Encuentro Nacional de Jóvenes en Córdoba* (12-15 septembre 1985), n. 2.

201. Au Synode, l'un des jeunes auditeurs, venant des îles Samoa, a dit que l'Église est une pirogue, sur laquelle les vieux aident à maintenir la direction en interprétant la position des étoiles, et les jeunes rament avec force en imaginant ce qui les attend plus loin. Ne nous laissons entraîner ni par les jeunes qui pensent que les adultes sont un passé qui ne compte plus, déjà caduque, ni par les adultes qui croient savoir toujours comment doivent se comporter les jeunes. Il est mieux que nous montions tous dans la même pirogue et que nous cherchions ensemble un monde meilleur, sous l'impulsion toujours nouvelle de l'Esprit Saint.

CHAPITRE 7

LA PASTORALE DES JEUNES

202. La pastorale des jeunes, telle que nous étions habitués à la mettre en œuvre, a souffert de l'assaut des changements sociaux et culturels. Les jeunes, dans les structures habituelles, ne trouvent souvent pas de réponses à leurs préoccupations, à leurs besoins, à leurs problèmes et à leurs blessures. La prolifération et la croissance des associations et des mouvements avec des caractéristiques à prédominance juvénile peuvent être interprétées comme une action de l'Esprit qui ouvre de nouveaux chemins. Il devient nécessaire cependant d'approfondir la participation de ces associations et mouvements à la pastorale d'ensemble de l'Église, ainsi qu'une plus grande communion entre eux par une meilleure coordination de l'action. Bien qu'il ne soit pas toujours facile de s'adresser aux jeunes, il y a deux aspects à développer : la conscience que c'est toute la communauté qui les évangélise et l'urgence qu'ils aient une place plus importante dans les propositions pastorales.

Une pastorale synodale

203. Je tiens à souligner que les jeunes eux-mêmes sont des agents de la pastorale de la jeu-

nesse, accompagnés et guidés, mais libres de rechercher de nouveaux chemins avec créativité et audace. Par conséquent, il serait superflu que je m'arrête ici pour proposer une sorte de manuel de pastorale des jeunes ou un guide de pastorale pratique. Il s'agit surtout de mettre en jeu l'intelligence, l'ingéniosité et la connaissance que les jeunes eux-mêmes ont de la sensibilité, de la langue et des problématiques des autres jeunes.

204. Ils nous font voir la nécessité d'adopter de nouveaux styles et de nouvelles stratégies. Par exemple, alors que les adultes ont tendance à se préoccuper de tout planifier, avec des réunions périodiques et des horaires fixes, aujourd'hui la plupart des jeunes sont difficilement attirés par ces programmes pastoraux. La pastorale des jeunes doit acquérir une autre flexibilité, et réunir les jeunes pour des évènements, des manifestations qui leur offrent chaque fois un lieu où ils reçoivent non seulement une formation, mais qui leur permettent aussi de partager leur vie, de célébrer, de chanter, d'écouter de vrais témoignages et de faire l'expérience de la rencontre communautaire avec le Dieu vivant.

205. D'autre part, il serait particulièrement souhaitable de recueillir encore plus de bonnes pratiques : ces méthodologies, ces motivations, ces langages qui ont été réellement attractifs pour conduire les jeunes au Christ et à l'Église. Peu importe leur couleur, qu'ils soient «conservateurs ou progressistes», qu'ils soient «de droite

ou de gauche». Le plus important est que nous recueillons tout ce qui a donné de bons résultats et ce qui est efficace pour communiquer la joie de l'Évangile.

206. La pastorale des jeunes ne peut être que synodale, autrement dit, constituer un «marcher ensemble» qui implique une « mise en valeur des charismes que l'Esprit donne selon la vocation et le rôle de chacun des membres [de l'Église], à travers un dynamisme de coresponsabilité. [...] Animés par cet esprit, nous pourrons avancer vers une Église participative et coresponsable, capable de mettre en valeur la richesse de la diversité dont elle se compose, en accueillant aussi avec gratitude l'apport des fidèles laïcs, notamment des jeunes et des femmes, celui de la vie consacrée féminine et masculine, et celui de groupes, d'associations et de mouvements. Personne ne doit être mis ou ne doit pouvoir se mettre à l'écart ».[111]

207. De cette façon, en apprenant les uns des autres, nous pourrons mieux refléter ce merveilleux polyèdre que doit être l'Église de Jésus-Christ. Elle peut attirer les jeunes précisément parce qu'elle n'est pas une unité monolithique, mais un canevas de dons variés que l'Esprit répand sans cesse en elle, en la rendant toujours nouvelle malgré ses misères.

[111] *DF*, n. 123.

208. Il y a eu beaucoup de propositions concrètes dans le Synode visant à renouveler la pastorale des jeunes et à la libérer des programmes qui ne sont plus efficaces parce qu'ils n'entrent pas en dialogue avec la culture actuelle des jeunes. Bien sûr, je ne peux pas ici toutes les rassembler et certaines d'entre elles peuvent être trouvées dans le Document final du Synode.

Les grandes lignes d'action

209. Je voudrais simplement souligner brièvement que la pastorale des jeunes comporte deux lignes d'action. L'une est *la recherche*, l'invitation, l'appel qui attire de nouveaux jeunes à faire l'expérience du Seigneur. L'autre est *la croissance*, le développement d'un chemin de maturation pour ceux qui ont déjà fait cette expérience.

210. En ce qui concerne la première, *la recherche*, je fais confiance à la capacité des jeunes eux-mêmes, qui savent trouver les chemins attrayants pour appeler. Ils savent organiser des festivals, des manifestations sportives, et même ils savent évangéliser par les réseaux sociaux avec des messages, des chansons, des vidéos et d'autres interventions. Il faut seulement stimuler les jeunes et leur donner une liberté pour qu'ils s'enthousiasment en devenant missionnaires dans les milieux des jeunes. La première annonce peut éveiller à une expérience profonde de foi au beau milieu d'une "retraite de choc", pendant une conversation dans un bar, dans un moment

de détente à l'université, ou par n'importe lequel des chemins insondables de Dieu. Mais le plus important est que chaque jeune ose semer la première annonce dans cette terre fertile qu'est le cœur d'un autre jeune.

211. Dans cette recherche, il faut privilégier le langage de la proximité, la langue de l'amour désintéressé, relationnel et existentiel qui touche le cœur, atteint la vie, éveille l'espérance et les désirs. Il est nécessaire de s'approcher des jeunes avec la grammaire de l'amour, non pas par prosélytisme. La langue que les jeunes comprennent est celle de ceux qui donnent leur vie, de celui qui est là pour eux et avec eux, et de ceux qui, malgré leurs limites et leurs faiblesses, essaient de vivre leur foi de manière cohérente. Dans le même temps, nous avons encore à chercher avec une plus grande sensibilité comment incarner le *kérygme* dans la langue que parlent les jeunes d'aujourd'hui.

212. Concernant *la croissance*, je veux faire une mise en garde importante. Dans certains endroits, il arrive que, après avoir suscité chez les jeunes une expérience intense de Dieu, une rencontre avec Jésus qui a touché leur cœur, on leur offre ensuite seulement des réunions de « formation » où sont uniquement abordées des questions doctrinales et morales : sur les maux du monde actuel, sur l'Église, sur la Doctrine sociale, sur la chasteté, sur le mariage, sur le contrôle de la natalité et sur d'autres thèmes. Le résultat est que

beaucoup de jeunes s'ennuient, perdent le feu de la rencontre avec le Christ et la joie de le suivre, beaucoup abandonnent le chemin et d'autres deviennent tristes et négatifs. Calmons l'obsession de transmettre une accumulation de contenus doctrinaux, et avant tout essayons de susciter et d'enraciner les grandes expériences qui soutiennent la vie chrétienne. Comme l'a dit Romano Guardini : « dans l'expérience d'un grand amour [...] tout ce qui se passe devient un évènement relevant de son domaine ».[112]

213. Tout projet formateur, tout chemin de croissance pour les jeunes, doit certainement inclure une formation doctrinale et morale. Il est tout aussi important d'être centré sur deux axes principaux : l'un est l'approfondissement du *kérygme*, l'expérience fondatrice de la rencontre avec Dieu par le Christ mort et ressuscité. L'autre est la croissance de l'amour fraternel, dans la vie communautaire, par le service.

214. J'ai beaucoup insisté à ce sujet dans *Evangelii gaudium* et je crois qu'il est opportun de le rappeler. D'une part, ce serait une grave erreur de penser que dans la pastorale des jeunes « le *kérygme* doit être abandonné au profit d'une formation prétendue plus solide. Rien n'est plus «solide», plus profond, plus sûr, plus dense et plus sage que cette annonce. Toute la formation chrétienne est

[112] *La esencia del cristianismo*, ed. Cristiandad, Madrid 2002, p. 17.

avant tout l'approfondissement du *kérygme* qui se fait chair toujours plus et toujours mieux ».[113] Par conséquent, la pastorale des jeunes doit toujours inclure des temps qui aident à renouveler et à approfondir l'expérience personnelle de l'amour de Dieu et de Jésus-Christ vivant. Cela se fera par divers moyens : des témoignages, des chants, des moments d'adoration, des espaces de réflexion spirituelle avec les Saintes Écritures, et même par diverses incitations à travers les réseaux sociaux. Mais jamais cette joyeuse expérience de rencontre avec le Seigneur ne doit être remplacée par une sorte "d'endoctrinement".

215. D'autre part, tout plan de la pastorale des jeunes doit intégrer clairement des ressources et des moyens variés pour aider les jeunes à grandir dans la fraternité, à vivre en frères, à s'entraider mutuellement, à créer une communauté, à servir les autres, à être proches des pauvres. Si l'amour fraternel est le « commandement nouveau » (*Jn* 13, 34), s'il est « la plénitude de la Loi » (*Rm* 13, 10) s'il est ce qui manifeste le mieux notre amour pour Dieu, alors il doit occuper une place prépondérante dans tout plan de formation et de croissance pour les jeunes.

Des milieux adaptés

216. Dans toutes nos institutions, nous avons besoin de développer et d'améliorer beaucoup

[113] N. 165: *AAS* 105 (2013), 1089.

plus notre capacité d'accueil cordial, parce que beaucoup de jeunes qui viennent le font alors qu'ils sont dans une profonde situation d'abandon. Et je ne parle pas de certains conflits familiaux, mais d'une expérience qui concerne également les enfants, les jeunes et les adultes, les mères, les pères et les enfants. Pour tant d'orphelins et d'orphelines, nos contemporains, (nous-mêmes peut-être ?), les communautés comme la paroisse et l'école devraient offrir des chemins d'amour gratuit et de promotion, d'affirmation de soi et de croissance. Beaucoup de jeunes se sentent aujourd'hui enfants de l'échec, parce que les rêves de leurs parents et de leurs grands-parents ont brûlé dans le feu de l'injustice, de la violence sociale, du sauve-qui-peut. Combien de déracinements ! Si les jeunes ont grandi dans un monde de cendres, il est difficile qu'ils puissent entretenir le feu des grandes idées et des projets. S'ils ont grandi dans un désert vide de sens, comment pourront-ils avoir envie de se sacrifier pour semer ? L'expérience de la discontinuité, du déracinement et de l'effondrement des certitudes de base, promue par la culture médiatique actuelle, provoque ce sentiment profond d'abandon auquel nous devons répondre en créant des espaces fraternels et attirants où l'on vit avec sens.

217. Créer un "foyer" en définitive, « c'est faire une famille C'est apprendre à se sentir unis aux autres au-delà des liens utilitaires ou fonctionnels unis de façon à sentir la vie un peu plus humaine.

Créer un foyer, c'est faire en sorte que la prophétie prenne corps et rende nos heures et nos jours moins inhospitaliers, moins indifférents et anonymes. C'est créer des liens qui se construisent par des gestes simples, quotidiens et que nous pouvons tous faire. Un foyer, et tous nous le savons très bien, a besoin de la collaboration de chacun. Personne ne peut être indifférent ou étranger puisque chacun est une pierre nécessaire à la construction. Et cela implique de demander au Seigneur de nous donner la grâce d'apprendre à avoir de la patience, d'apprendre à se pardonner ; apprendre tous les jours à recommencer. Et combien de fois pardonner ou recommencer ? Soixante-dix fois sept fois, chaque fois qu'elles sont nécessaires. Créer des liens forts exige de la confiance qui se nourrit tous les jours de patience et de pardon. Et il se produit ainsi le miracle de faire l'expérience qu'ici on naît de nouveau ; ici, tous, nous naissons de nouveau, parce que nous sentons agir la caresse de Dieu qui nous permet de rêver le monde plus humain et, par conséquent, plus divin ».[114]

218. Dans ce contexte, au sein de nos institutions, nous avons besoin d'offrir aux jeunes leurs propres lieux, qu'ils puissent aménager à leur goût, et où ils puissent entrer et sortir librement, des lieux qui les accueillent et où ils puissent se

[114] *Discours de la visite au Foyer du Bon Samaritain à Panama*, (27 janvier 2019): *L'Osservatore Romano*, éd. française, n. 6 du 5 février 2019, p. 15.

rendre spontanément et avec confiance à la rencontre d'autres jeunes, tant dans les moments de souffrance ou de lassitude, que dans les moments où ils désirent célébrer leurs joies. Quelque chose comme cela a été réalisé par certains patronages et d'autres centres de jeunesse, qui, dans de nombreux cas, constituent des lieux où les jeunes font des expériences d'amitié et de sentiments amoureux, où ils se retrouvent et peuvent partager la musique, les loisirs, le sport, et aussi la réflexion et la prière, grâce à de petites subventions et diverses propositions. Cela ouvre à cette annonce indispensable de personne à personne qui ne peut être remplacée par aucune procédure ni aucune stratégie pastorale.

219. « L'amitié et la confrontation, souvent aussi en groupes plus ou moins structurés, offrent l'occasion de renforcer ses compétences sociales et relationnelles dans un contexte où l'on n'est ni évalué ni jugé. L'expérience de groupe constitue aussi une grande ressource pour le partage de la foi et pour l'aide réciproque dans le témoignage. Les jeunes sont capables de guider d'autres jeunes et de vivre un véritable apostolat au milieu de leurs amis »[115]

220. Cela ne signifie pas qu'ils s'isolent et perdent tout contact avec les communautés des paroisses, des mouvements et d'autres insti-

[115] *DF*, n. 36.

tutions ecclésiales. Mais ils s'intégreront mieux dans des communautés ouvertes, vivant dans la foi, désireuses de rayonner Jésus-Christ, joyeuses, libres, fraternelles et engagées. Ces communautés peuvent être les canaux par lesquels ils sentent qu'il est possible de cultiver des relations précieuses.

La pastorale des institutions éducatives

221. L'école est sans aucun doute une plate-forme pour s'approcher des enfants et des jeunes. Elle est le lieu privilégié de promotion de la personne, et c'est pourquoi la communauté chrétienne a toujours eu une grande attention envers elle, soit en formant des enseignants et des responsables, soit en instaurant ses propres écoles, de tous les degrés. Dans ce domaine, l'Esprit a suscité d'innombrables charismes et témoignages de sainteté. Cependant l'école a besoin d'une autocritique urgente, si nous constatons les résultats de la pastorale de beaucoup d'entre elles, une pastorale centrée sur l'instruction religieuse qui est souvent incapable de susciter des expériences de foi durables. De plus, certains collèges catholiques semblent être organisés seulement pour leur préservation. La phobie du changement fait qu'ils ne peuvent pas tolérer l'incertitude et qu'ils se replient face aux risques, réels ou imaginaires, que tout changement entraîne. L'école transformée en "bunker" qui protège des erreurs "de l'extérieur", est l'expression caricaturale de cette tendance. Cette image reflète d'une manière

choquante ce que beaucoup de jeunes éprouvent à la sortie de certains établissements éducatifs : une inadéquation insurmontable entre ce qu'ils ont appris et le monde dans lequel ils doivent vivre. Même les propositions religieuses et morales qu'ils ont reçues ne les ont pas préparés à les confronter avec un monde qui les ridiculise, et ils n'ont pas appris comment prier et vivre leur foi d'une manière qui puisse être facilement soutenue au milieu du rythme de cette société. En réalité, une des plus grandes joies d'un éducateur est de voir un étudiant se constituer lui-même comme une personne forte, intégrée, protagoniste et capable de donner.

222. L'école catholique reste essentielle comme espace pour l'évangélisation des jeunes. Il est important de prendre en compte certains critères inspirateurs, signalés dans *Veritatis gaudium,* en vue d'un renouvellement et d'une relance des écoles et des universités "en sortie" missionnaire, tels que: l'expérience du *kérygme*, le dialogue dans tous les domaines, l'interdisciplinarité et la transdisciplinarité, le développement de la culture de la rencontre, la nécessité urgente de "faire *réseau*" et l'option pour les derniers, pour ceux que la société exclut et rejette.[116] Également est importante la capacité à intégrer les savoirs de la tête, du cœur et des mains.

[116] Cf. Const. ap. *Veritatis Gaudium* (8 décembre 2017), n. 4: *AAS* 110 (2018), 7.8.

223. D'autre part, nous ne pouvons pas séparer la formation spirituelle de la formation culturelle. L'Église a toujours voulu développer pour les jeunes des espaces pour une meilleure culture. Elle ne doit pas renoncer à le faire parce que les jeunes y ont droit. Et « aujourd'hui en particulier, le droit à la culture signifie protéger la sagesse, c'est-à-dire un savoir humain et humanisant. On est trop souvent conditionné par des modèles de vie banals et éphémères, qui poussent à courir après le succès à bas prix, discréditant le sacrifice, inculquant l'idée qu'étudier ne sert à rien si cela n'apporte pas tout de suite quelque chose de concret. Non, l'étude sert à se poser des questions, à ne pas se faire anesthésier par la banalité, à chercher un sens dans la vie. Il faut réclamer le droit à ne pas faire prévaloir les nombreuses sirènes qui, aujourd'hui, détournent de cette recherche. Ulysse, pour ne pas céder au chant des sirènes qui envoûtaient les marins et les faisait se fracasser contre les rochers, s'attacha au mât du navire et boucha les oreilles de ses compagnons de voyage. En revanche, Orphée, pour faire obstacle au chant des sirènes, fit autre chose: il entonna une mélodie plus belle, qui enchanta les sirènes. Voilà votre grand devoir: répondre aux refrains paralysants du *consumérisme culturel* par des choix dynamiques et forts, avec la recherche, la connaissance et le partage ».[117]

[117] *Discours de la rencontre avec les étudiants et le monde académique sur la place Saint Dominique de Bologne*, (1 octobre 2017): *AAS* 109 (2017), 1115: *L'Osservatore Romano*, éd. française, n. 41 du 12 octobre 2017, p. 10.

Différents domaines pour le développement pastoral

224. Beaucoup de jeunes sont capables d'apprendre à aimer le silence et l'intimité avec Dieu. Des groupes qui se réunissent pour adorer le Saint Sacrement ou pour prier avec la Parole de Dieu se sont également développés. Il ne faut pas sous-estimer les jeunes comme s'ils étaient incapables de s'ouvrir à des propositions contemplatives. Il faut seulement trouver les styles et les modalités appropriés pour les aider à s'initier à cette expérience de si grande valeur. En ce qui concerne les domaines du culte et de la prière, « dans divers contextes, les jeunes catholiques demandent des propositions de prière et des moments sacramentels capables de saisir leur vie quotidienne, dans une liturgie fraîche, authentique et joyeuse ».[118] Il est important de mettre à profit les temps les plus forts de l'année liturgique, en particulier la Semaine Sainte, la Pentecôte et Noël. Ils aiment aussi d'autres rencontres festives, qui cassent la routine et les aident à faire l'expérience de la joie de la foi.

225. Une opportunité unique pour la croissance et aussi pour l'ouverture au don divin de la foi et de la charité est le service : beaucoup de jeunes se sentent attirés par la possibilité d'aider les autres, en particulier les enfants et les pauvres. Souvent ce service est le premier pas pour découvrir ou redécouvrir la vie chrétienne et ecclésiale.

[118] *DF*, n. 51.

Beaucoup de jeunes se lassent de nos itinéraires de formation doctrinale, et même spirituelle, et parfois ils réclament la possibilité d'être davantage protagonistes dans des activités où ils font quelque chose pour les gens.

226. Nous ne pouvons pas oublier les expressions artistiques telles que le théâtre, la peinture, etc. « L'importance de la musique est tout à fait particulière ; elle représente un véritable environnement où les jeunes sont constamment plongés, comme une culture et un langage capables de susciter des émotions et de modeler une identité. Le langage musical représente aussi une ressource pastorale qui interpelle en particulier la liturgie et son renouveau ».[119] Le chant peut être un stimulant important pour le cheminement des jeunes. Saint Augustin disait : "Chante, mais avance ; allège ton travail en chantant, n'aime pas la paresse : chante et avance [...] Toi, si tu avances, marche ; mais avance dans le bien, dans la foi droite, dans les bonnes œuvres : chante et marche ".[120]

227. « L'importance de la pratique sportive parmi les jeunes est tout aussi significative. L'Église ne doit pas sous-évaluer ses potentialités dans une optique d'éducation et de formation, en conservant une présence affirmée en son sein. Le monde du sport a besoin d'être aidé à surmonter les ambiguïtés qui en font partie, comme la

[119] *Ibid.*, n. 47.
[120] *Sermon* 256, 3: *PL* 38, 1193.

mythisation des champions, l'asservissement à des logiques commerciales et l'idéologie du succès à tout prix ».[121] A la base de l'expérience sportive il y a « la joie: la joie de bouger, la joie d'être ensemble, la joie pour la vie et les dons que le Créateur nous fait chaque jour ».[122] D'autre part, certains Pères de l'Église ont pris l'exemple des pratiques sportives pour inviter les jeunes à grandir en force et à dominer la somnolence ou le confort. Saint Basile le Grand, s'adressant aux jeunes, prenait l'exemple de l'effort exigé par le sport et leur enseignait ainsi la capacité à se sacrifier pour grandir dans les vertus : « Après des milliers et des milliers de souffrances et avoir augmenté leurs forces par de nombreuses méthodes, après avoir beaucoup transpiré dans des exercices de gymnastique fatigants [...] enfin, pour ne pas entrer dans les détails, après avoir mené une existence telle que leur vie avant la compétition n'est qu'une préparation à cela, [...] ils donnent toutes leurs ressources physique et psychiques pour gagner une couronne [...]. Et nous, qui avons devant nous des récompenses de la vie, tellement admirables en nombre et en grandeur qu'il est impossible de les définir avec des mots, nous viendrions les recevoir, en dormant à poings fermés et en vivant sans prendre de risques ? ».[123]

[121] *DF*, n. 47.

[122] *Discours à une délégation du "Special Olympics International"* (16 février 2017): *L'Osservatore Romano*, éd. française, n. 9 du 2 mars 2017, p. 8.

[123] *Ad adolescentes*, VIII, 11-12: *PG* 31, 580.

228. Chez de nombreux jeunes et adolescents, le rapport à la création éveille une attraction spéciale, et ils sont sensibles à la protection de l'environnement, comme c'est le cas avec les *Scouts* et d'autres groupes qui organisent des journées de contact avec la nature, des camps, des randonnées, des expéditions et des campagnes pour l'environnement. Dans l'esprit de saint François d'Assise, ce sont des expériences qui peuvent représenter un chemin d'initiation à l'école de la fraternité universelle, et à la prière contemplative.

229. Ces possibilités et diverses autres qui s'offrent à l'évangélisation des jeunes, ne devraient pas nous faire oublier, qu'au-delà des changements de l'histoire et de la sensibilité des jeunes, il y a les dons de Dieu qui sont toujours actuels, et qui contiennent une force qui transcende toutes les époques et toutes les circonstances : la Parole du Seigneur toujours vivante et efficace, la présence du Christ dans l'Eucharistie qui nous nourrit, et le Sacrement du pardon qui nous libère et nous fortifie. Nous pouvons également mentionner l'inépuisable richesse spirituelle que l'Église conserve dans le témoignage de ses saints et dans l'enseignement des grands maîtres spirituels. Bien que nous ayons à respecter différentes étapes, et parfois que nous devions attendre patiemment le moment favorable, nous ne pourrons pas cesser d'offrir aux jeunes ces sources de vie nouvelle, nous n'avons pas le droit de les priver de tant de bien.

Une pastorale “populaire” des jeunes

230. En plus de la pastorale habituelle accomplie par les paroisses et les mouvements, selon des programmes déterminés, il est très important de susciter une “pastorale populaire des jeunes”, qui ait un autre style, d’autres temps, un autre rythme, une autre méthode. Elle consiste en une pastorale plus ample et plus flexible qui stimule, dans les différents lieux où les jeunes se déplacent, ces leaderships naturels et ces charismes que l’Esprit Saint a déjà semés en eux. Il s’agit avant tout de ne pas mettre autant d’obstacles, de normes, de contrôles et de cadres obligatoires à ces jeunes croyants qui sont des leaders naturels dans les quartiers et dans différents milieux. Il faut seulement les accompagner et les stimuler, en faisant un peu plus confiance au génie de l’Esprit Saint qui agit comme il veut.

231. Nous parlons de leaders réellement “populaires”, non pas élitistes ou enfermés dans de petits groupes sélectifs. Pour qu’ils soient capables de créer une pastorale populaire dans le monde des jeunes, il faut qu’« ils apprennent à écouter le sentiment du peuple, à se constituer en tant que ses porte-paroles et à œuvrer pour sa promotion ».[124] Quand nous parlons de “peuple”, il ne faut pas comprendre les structures de la société ou de l’Église, mais l’ensemble des personnes

[124] Conférence Episcopale d’Argentine, *Declaración de San Miguel*, Buenos Aires, 1969, X, 1.

qui ne marchent pas comme des individus mais comme le tissu d'une communauté de tous et pour tous, qui ne peut pas laisser les plus pauvres et les plus faibles rester en arrière: « Le peuple désire que tous soient associés aux biens communs et pour cela il accepte de s'adapter aux pas des derniers pour y parvenir tous ensemble ».[125] Les leaders populaires, alors, sont ceux qui ont la capacité d'intégrer tout le monde, en incluant dans la marche des jeunes les plus pauvres, les plus faibles, les plus limités et blessés. Ils n'ont ni dégoût ni peur des jeunes blessés et crucifiés.

232. Dans cette même ligne, en particulier avec les jeunes qui n'ont pas grandi dans des familles ou des institutions chrétiennes, et qui sont sur un chemin de lente maturation, nous devons stimuler « le bien possible ».[126] Le Christ nous a avertis de ne pas faire comme si tout était du blé (cf. *Mt* 13, 24-30). Parfois, pour viser une pastorale des jeunes aseptisée, pure, marquée par des idées abstraites, éloignée du monde et préservée de toute souillure, nous transformons l'Évangile en une offre fade, incompréhensible, lointaine, coupée des cultures des jeunes, et adaptée seulement à une élite de jeunes chrétiens qui se sentent différents mais qui en réalité flottent dans un isolement sans vie ni fécondité. Ainsi, avec l'ivraie que

[125] Rafael Tello, *La nueva evangelización*, Tome II (Annexes I et II), Buenos Aires, 2013, 111.

[126] Cf. Exhort. ap. *Evangelii gaudium* (24 novembre 2013), n. 44-45: *AAS* 105 (2013), 1038-1039.

nous rejetons, nous arrachons ou nous étouffons des milliers de pousses qui essaient de croître au milieu des limites.

233. Au lieu de « les écraser avec un ensemble de règles qui donnent une image réductrice et moralisatrice du christianisme, nous sommes appelés à miser sur leur audace, à les inciter et à les former à prendre leurs responsabilités, certains que l'erreur, l'échec et la crise constituent aussi des expériences qui peuvent les aider à grandir humainement ».[127]

234. Au Synode, il a été demandé de développer une pastorale des jeunes, capable de créer des espaces inclusifs, où il y aura de la place pour toutes sortes de jeunes et où se manifestera réellement que nous sommes une Église aux portes ouvertes. Il n'est même pas nécessaire d'assumer complètement tous les enseignements de l'Église pour prendre part à certains de nos espaces pour les jeunes. Une attitude d'ouverture suffit pour tous ceux qui ont le désir et la volonté de se laisser trouver par la vérité révélée par Dieu. Certaines propositions pastorales peuvent supposer un chemin déjà parcouru dans la foi, mais nous avons besoin d'une pastorale populaire des jeunes qui ouvre des portes et offre un espace à tous et à chacun avec ses doutes, ses traumatismes, ses problèmes et sa recherche d'identité,

[127] *DF*, n. 70.

avec ses erreurs, son histoire, ses expériences du péché et toutes ses difficultés.

235. Il doit également y avoir de la place pour « tous ceux qui ont d'autres conceptions de la vie, professent une foi différente ou se déclarent étrangers à l'horizon religieux. Tous les jeunes, sans aucune exception, sont dans le cœur de Dieu et donc dans le cœur de l'Église. Mais nous reconnaissons franchement que cette affirmation qui résonne sur nos lèvres ne trouve pas toujours une expression réelle dans notre action pastorale : souvent, nous restons enfermés dans nos milieux, où leur voix n'arrive pas, ou bien nous nous consacrons à des activités moins exigeantes et plus gratifiantes, en étouffant cette saine inquiétude pastorale qui nous fait sortir de nos sécurités présumées. Pourtant l'Évangile nous demande d'oser et nous voulons le faire sans présomption, sans prosélytisme, mais en témoignant de l'amour du Seigneur et en tendant la main à tous les jeunes du monde ».[128]

236. La pastorale des jeunes, quand elle cesse d'être élitiste et accepte d'être «populaire», est un processus lent, respectueux, patient, plein d'espoir, infatigable, compatissant. Au Synode, il a été proposé l'exemple des disciples d'Emmaüs (cf. *Lc* 24, 13-35), qui peut aussi être un modèle de ce qui se passe dans la pastorale des jeunes.

[128] *Ibid.*, n. 117.

237. « Jésus marche avec les deux disciples qui n'ont pas compris le sens de ce qui est arrivé et ils s'éloignent de Jérusalem et de la communauté. Pour demeurer en leur compagnie, il parcourt le chemin avec eux. Il les interroge et se met patiemment à l'écoute de leur version des faits pour les aider à *reconnaître* ce qu'ils sont en train de vivre. Puis, de façon affectueuse et énergique, il leur annonce la Parole, en les amenant à *interpréter* les événements qu'ils ont vécus à la lumière des Écritures. Il accepte leur invitation à s'arrêter avec eux, à la tombée de la nuit : il entre dans leur nuit. En l'écoutant, leur cœur se réchauffe et leur esprit s'illumine ; à la fraction du pain, leurs yeux s'ouvrent. Ce sont eux qui *choisissent* de reprendre sans tarder le chemin dans la direction opposée, pour retourner vers la communauté et partager avec elle l'expérience de la rencontre avec le Ressuscité ».[129]

238. Les diverses manifestations de piété populaire, en particulier les pèlerinages, attirent les jeunes qui n'ont pas tendance à s'insérer facilement dans les structures ecclésiales, et sont une expression concrète de la confiance en Dieu. Ces formes de recherche de Dieu, présentes en particulier chez les jeunes les plus pauvres, mais également dans les autres secteurs de la société, ne doivent pas être méprisées mais encouragées et stimulées. Parce que la piété populaire

[129] *Ibid.*, n. 4.

« est une manière légitime de vivre la foi »[130] et est « expression authentique de l'action missionnaire spontanée du Peuple de Dieu ».[131]

Toujours missionnaires

239. Je veux rappeler qu'il n'est pas nécessaire de déployer de nombreux efforts pour que les jeunes soient missionnaires. Même les plus fragiles, les plus limités et les plus blessés peuvent l'être à leur manière, parce qu'il faut toujours laisser le bien se communiquer, même s'il coexiste avec de nombreuses fragilités. Un jeune qui se rend en pèlerinage pour demander de l'aide à la Vierge et qui invite un ami ou un camarade à l'accompagner, accomplit avec ce geste simple une action missionnaire précieuse. Avec la pastorale populaire des jeunes, il y a, inévitablement, une mission populaire, incontrôlable, qui brise tous les schémas ecclésiastiques. Accompagnons-la, encourageons-la, mais ne prétendons pas trop la réglementer.

240. Si nous savons écouter ce que nous dit l'Esprit, nous ne pouvons pas ignorer que la pastorale des jeunes doit toujours être une pastorale missionnaire. Les jeunes s'enrichissent beaucoup quand ils surmontent leur timidité et qu'ils osent visiter des foyers et, de cette manière, entrent en contact avec la vie des gens, apprennent à regarder

[130] Exhort. ap. *Evangelii gaudium* (24 novembre 2013), n. 124: *AAS* 105 (2013), 1072.

[131] *Ibid.*, n. 122: *AAS* 105 (2013), 1071.

au-delà de leur famille et de leur groupe, et qu'ils commencent à comprendre la vie d'une manière plus large. En même temps, leur foi et leur sentiment d'appartenance à l'Église sont fortifiés. Les missions de jeunes, qui sont généralement organisées durant les vacances, après une période de préparation, peuvent provoquer un renouvellement de l'expérience de foi, et même susciter sérieusement des vocations.

241. Mais les jeunes sont capables de créer de nouvelles formes de mission dans les domaines les plus divers. Par exemple, puisqu'ils utilisent si bien les réseaux sociaux, il faut qu'ils les organisent pour les remplir de Dieu, de fraternité et d'engagement.

L'accompagnement par les adultes

242. Les jeunes doivent être respectés dans leur liberté, mais ils doivent être aussi accompagnés. La famille devrait être le premier espace d'accompagnement. La pastorale des jeunes propose un projet de vie depuis le Christ : la construction d'une maison, d'un foyer bâti sur le rocher (cf. *Mt* 7, 24-25). Ce foyer, ce projet pour la plupart d'entre eux sera concrétisé dans le mariage et l'amour conjugal. Par conséquent, il est nécessaire que la pastorale des jeunes et la pastorale familiale soient dans un prolongement naturel, en travaillant de manière coordonnée et intégrée, afin de pouvoir accompagner adéquatement le processus vocationnel.

243. La communauté a un rôle très important dans l'accompagnement des jeunes, et c'est toute la communauté qui doit se sentir responsable pour les accueillir, les motiver, les encourager et les stimuler. Cela implique que l'on regarde les jeunes avec compréhension, valorisation et affection, et qu'on ne les juge pas en permanence ni qu'on exige d'eux une perfection qui ne correspond pas à leur âge.

244. Au Synode, « beaucoup ont relevé le manque de personnes expertes qui se consacrent à l'accompagnement. Croire à la valeur théologique et pastorale de l'écoute implique de revoir et de rénover les formes par lesquelles s'exprime ordinairement le ministère presbytéral, ainsi qu'un discernement de ses priorités. En outre, le Synode reconnaît la nécessité de préparer des personnes consacrées et des laïcs, hommes et femmes, qui soient qualifiés pour l'accompagnement des jeunes. Le charisme de l'écoute, que l'Esprit Saint fait surgir dans les communautés, pourrait aussi recevoir une forme de reconnaissance institutionnelle en vue du service ecclésial ».[132]

245. Par ailleurs il faut spécialement accompagner les jeunes qui se profilent comme leaders, pour qu'ils puissent se former et se qualifier. Les jeunes qui se sont réunis avant le Synode ont demandé que se développent « des programmes de

[132] *DF*, n. 9.

leadership jeune pour la formation et le développement continu de jeunes leaders. Certaines jeunes femmes estiment qu'elles ont besoin de plus d'exemples de leadership féminin au sein de l'Église et elles désirent avec leurs dons intellectuels et professionnels participer à l'Église. Nous croyons également que les séminaristes, les religieux et les religieuses devraient avoir une plus grande capacité pour accompagner les jeunes leaders ».[133]

246. Les mêmes jeunes nous ont décrit quelles sont les caractéristiques qu'ils espèrent trouver chez un accompagnateur et ils l'ont exprimé avec beaucoup de clarté. « Les qualités d'un tel accompagnateur incluent : qu'il soit un chrétien fidèle et engagé dans l'Église et le monde, qui cherche constamment la sainteté, quelqu'un en qui l'on peut avoir confiance, qui ne juge pas, qui écoute activement les besoins des jeunes et y répond avec bienveillance, quelqu'un qui aime profondément avec conscience, qui reconnaît ses limites et comprend les joies et les peines d'un chemin de vie spirituelle. A leurs yeux, la reconnaissance de leur humanité et de leur vulnérabilité revêt une particulière importance. Parfois les accompagnateurs spirituels sont mis sur un piédestal, et cela a un impact dévastateur qui ruine la capacité des jeunes à continuer leurs engage-

[133] *Document de la Réunion pré-synodale pour la préparation de la XVème Assemblée* Générale *Ordinaire du Synode des Évêques,* Rome (24 mars 2018).

ments dans l'Église. Ils ajoutent que les accompagnateurs ne devraient pas conduire les jeunes comme s'ils étaient des sujets passifs mais marcher avec eux en leur permettant d'être acteurs de leur cheminement. Ils devraient respecter la liberté des jeunes qu'ils rencontrent sur leurs chemins de discernement et les équiper pour discerner en leur donnant les outils utiles pour avancer. Un accompagnateur devrait profondément croire à la capacité du jeune à participer à la vie de l'Église. Il devrait semer la semence de la foi dans la terre des jeunes sans attendre de voir immédiatement les fruits du travail de l'Esprit-Saint. Le rôle d'accompagnateur ne doit pas être limité aux prêtres et aux consacrés, mais les laïcs doivent être encouragés à prendre aussi part à cette mission. Tous devraient bénéficier d'une sérieuse formation initiale et continue ».[134]

247. Sans aucun doute, les institutions éducatives de l'Église sont un milieu communautaire d'accompagnement qui permet d'orienter de nombreux jeunes, surtout quand « elles cherchent à accueillir tous les jeunes, indépendamment de leurs choix religieux, de leur provenance culturelle et de leur situation personnelle, familiale ou sociale. De cette façon, l'Église apporte une contribution fondamentale à l'éducation intégrale des jeunes dans les parties du monde les plus diverses ».[135] Elles réduiraient excessivement leur

[134] *Ibid.*
[135] *DF*, n. 15.

rôle si elles établissaient des critères rigides pour l'admission des étudiants ou pour leur maintien en elles, parce qu'elles priveraient de nombreux jeunes d'un accompagnement qui contribuerait à enrichir leur vie.

CHAPITRE 8

LA VOCATION

248. Il est vrai que le mot «vocation» peut être compris au sens large comme appel de Dieu. La vocation inclut l'appel à la vie, l'appel à l'amitié avec lui, l'appel à la sainteté, etc. Cela est important, parce qu'elle place notre vie face à Dieu qui nous aime, et qu'elle nous permet de comprendre que rien n'est le fruit d'un chaos privé de sens, mais que tout peut être intégré sur un chemin de réponse au Seigneur qui a un plan magnifique pour nous.

249. Dans l'Exhortation *Gaudete et exsultate*, j'ai voulu m'arrêter sur la vocation de tous à grandir pour la gloire de Dieu et j'ai voulu "faire résonner une fois de plus l'appel à la sainteté, en essayant de l'insérer dans le contexte actuel, avec ses risques, ses défis et ses opportunités".[136] Le Concile Vatican II nous a aidés à renouveler la conscience de cet appel adressé à chacun : « tous ceux qui croient au Christ, quels que soient leur condition et leur état de vie, sont appelés par Dieu, chacun dans sa route, à une sainteté dont la perfection est celle même du Père ».[137]

[136] N. 2.
[137] Const. dogm. *Lumen gentium*, sur l'Église, n. 11.

250. Ce que Jésus désire de chaque jeune, c'est avant tout son amitié. Il est essentiel de discerner et de découvrir cela. C'est le discernement fondamental. Dans le dialogue du Seigneur ressuscité avec son ami Simon-Pierre, la grande question était : « Simon, fils de Jean, m'aimes-tu ? » (*Jn* 21, 16). C'est-à-dire : Me veux-tu comme ami ? La mission que Pierre reçoit de prendre soin de ses brebis et de ses agneaux sera toujours en lien avec cet amour gratuit, avec cet amour d'amitié.

251. Et si un exemple contraire était nécessaire, rappelons-nous la rencontre-désaccord du Seigneur avec le jeune homme riche, qui nous dit clairement que ce que ce jeune n'a pas perçu, c'est le regard amoureux du Seigneur (cf. *Mc* 10, 21). Il a été attristé, après avoir suivi un bon élan, parce qu'il ne pouvait pas quitter les nombreuses choses qu'il possédait (cf. *Mt* 19, 22). Il a raté l'opportunité de ce qui aurait certainement pu être une grande amitié. Et nous, nous restons sans savoir ce qu'il aurait pu être pour nous, ce qu'il aurait pu faire pour l'humanité, ce jeune unique que Jésus a regardé avec amour et à qui il a tendu la main.

252. Parce que « la vie que Jésus nous offre est une histoire d'amour, une *histoire de vie* qui veut se mêler à la nôtre et plonger ses racines dans la terre de chacun. Cette vie n'est pas un salut suspendu "dans les nuages" attendant d'être déversé,

ni une "application" nouvelle à découvrir, ni un exercice mental fruit de techniques de dépassement de soi. La vie que Dieu nous offre n'est pas non plus un "*tutoriel*" avec lequel on apprendrait la dernière nouveauté. Le salut que Dieu nous offre est une *invitation à faire partie d'une histoire d'amour* qui se tisse avec nos histoires ; qui vit et veut naître parmi nous pour que nous puissions donner du fruit là où nous sommes, comme nous sommes et avec qui nous sommes. C'est là que le Seigneur vient planter et se planter ».[138]

Être pour les autres

253. Je voudrais m'arrêter maintenant sur la vocation entendue dans le sens précis d'un appel au service missionnaire des autres. Nous sommes appelés par le Seigneur à participer à son œuvre créatrice, en apportant notre contribution au bien commun à partir des capacités que nous avons reçues.

254. Cette vocation missionnaire a à voir avec notre service des autres. Parce que notre vie sur la terre atteint sa plénitude quand elle se transforme en offrande. Je rappelle que « la mission au cœur du peuple n'est ni une partie de ma vie ni un ornement que je peux quitter, ni un appendice ni un moment de l'existence. Elle est quelque chose

[138] *Discours de la Veillée avec les jeunes aux XXXIVèmes Journées Mondiales de la Jeunesse à Panama* (26 janvier 2019): *L'Osservatore Romano*, éd. française, n. 6 du 5 février 2019, p. 9.

que je ne peux pas arracher de mon être si je ne veux pas me détruire. Je *suis une mission* sur cette terre, et pour cela je suis dans ce monde ».[139] Par conséquent, il faut penser que toute pastorale est vocationnelle, toute formation est vocationnelle et toute spiritualité est vocationnelle.

255. Ta vocation ne consiste pas seulement dans les travaux que tu as à faire, même si elle s'exprime en eux. C'est quelque chose de plus, c'est un chemin qui orientera beaucoup d'efforts et d'actions dans le sens du service. Pour cela, dans le discernement d'une vocation, il est important de voir si l'on reconnaît en soi-même les capacités nécessaires pour ce service spécifique de la société.

256. Cela donne une très grande valeur à ces tâches, car elles cessent d'être une somme d'actions que l'on réalise pour gagner de l'argent, pour être occupé ou pour plaire aux autres. Tout cela constitue une vocation parce que nous sommes appelés, il y a quelque chose de plus que notre simple choix pragmatique. C'est en définitive reconnaître pour quoi je suis fait, le pourquoi d'un passage sur cette terre, reconnaître quel est le projet du Seigneur pour ma vie. Il ne m'indiquera pas tous les lieux, les temps et les détails, que je choisirai avec sagesse, mais oui, il y a une orientation de ma vie qu'il doit me montrer, parce qu'il est mon Créateur, mon potier, et que j'ai

[139] Exhort. ap. *Evangelii gaudium* (24 novembre 2013), n. 273: *AAS* 105 (2013), 1130.

besoin d'écouter sa voix pour me laisser façonner et porter par lui. Alors, je serai ce que je dois être et je serai aussi fidèle à ma propre réalité.

257. Pour accomplir sa propre vocation, il est nécessaire de développer, de faire pousser et grandir tout ce que l'on est. Il ne s'agit pas de s'inventer, de se créer spontanément à partir de rien, mais de se découvrir soi-même à la lumière de Dieu et de faire fleurir son propre être. « Dans le dessein de Dieu, chaque homme est appelé à se développer car toute vie est vocation ».[140] Ta vocation t'oriente à tirer le meilleur de toi pour la gloire de Dieu et pour le bien des autres. Le sujet n'est pas seulement de faire des choses, mais de les faire avec un sens, avec une orientation. A ce sujet, saint Alberto Hurtado disait aux jeunes qu'il faut prendre très au sérieux la direction : « Sur un bateau, le pilote qui devient négligent, on le renvoie sans rémission, parce qu'il joue avec quelque chose de trop sacré. Et dans la vie, veillons-nous à notre orientation ? Quel est ton cap ? S'il était nécessaire de s'arrêter encore plus sur cette idée, je prie chacun de vous de lui donner la plus grande importance, parce que réussir cela est tout simplement réussir ; échouer en cela est simplement échouer ».[141]

[140] Saint Paul VI, Lett. enc. *Populorum progressio* (26 mars 1967), n. 15: *AAS* 59 (1967), 265.

[141] *Meditación de Semana Santa para jóvenes*, écrite à bord d'un cargo, de retour des Etats-Unis, 1946, en : https://www.padrealbertohurtado.cl/escritos-2/.

258. “Être pour les autres” dans la vie de chaque jeune est généralement lié à deux questions fondamentales : la formation d'une nouvelle famille et le travail. Les diverses enquêtes qui ont été faites auprès des jeunes confirment à maintes reprises que ce sont les deux grands thèmes qui les préoccupent et les intéressent. Les deux doivent être l'objet d'un discernement spécial. Arrêtons-nous brièvement sur eux.

L'amour et la famille

259. Les jeunes ressentent avec force l'appel à l'amour, et ils rêvent de trouver la bonne personne avec laquelle former une famille et construire une vie ensemble. Sans aucun doute, c'est une vocation que Dieu lui-même propose à travers les sentiments, les désirs, les rêves. Sur ce thème, je me suis amplement arrêté dans l'Exhortation *Amoris laetitia* et j'invite tous les jeunes à lire en particulier les chapitres 4 et 5.

260. J'aime à penser que « deux chrétiens qui se marient ont reconnu dans leur histoire d'amour l'appel du Seigneur, la vocation à faire de deux personnes, un homme et une femme, une seule chair, une seule vie. Et le Sacrement du mariage enveloppe cet amour avec la grâce de Dieu, il l'enracine en Dieu même. Avec ce don, avec la certitude de cet appel, on peut partir en sécurité, on n'a peur de rien, on peut tout affronter, ensemble ! ».[142]

[142] *Rencontre avec les jeunes d'Ombrie à Assise* (4 octobre 2013): *AAS* 105 (2013), 921. *L'Osservatore Romano*, éd. française, n. 41 du 10 octobre 2013, p. 12.

261. Dans ce contexte, je rappelle que Dieu nous a créés sexués. Lui-même « a créé la sexualité qui est un don merveilleux fait à ses créatures ».[143] Dans la vocation au mariage, il faut reconnaître et remercier que « la sexualité, le sexe sont un don de Dieu. Rien de tabou. Ils sont un don de Dieu, un don que le Seigneur nous fait. Ils ont deux buts : s'aimer et engendrer la vie. C'est une passion, un amour passionné. Le véritable amour est passionné. L'amour entre un homme et une femme, quand il est passionné, te porte à donner ta vie pour toujours. Toujours. Et à la donner avec ton corps et ton âme ».[144]

262. Le Synode a souligné que « la famille continue de représenter le principal point de référence pour les jeunes. Les enfants apprécient l'amour et l'attention de leurs parents, les liens familiaux leur tiennent à cœur et ils espèrent réussir à former, à leur tour, une famille. Indéniablement, l'augmentation des séparations, des divorces, des secondes unions et des familles monoparentales peut causer de grandes souffrances et une crise d'identité. Parfois, ils doivent porter des responsabilités qui ne sont pas proportionnées à leur âge et qui les contraignent à devenir adultes avant le temps normal. Les grands-parents offrent souvent une contribution décisive sur le plan affectif

[143] Exhort. ap. postsynodale *Amoris laetitia* (19 mars 2016), n. 150: *AAS* 108 (2016), 369.

[144] *Audience aux jeunes du Diocèse de Grenoble-Vienne* (17 septembre 2018): *L'Osservatore Romano*, 19 septembre 2018, p. 8.

et au niveau de l'éducation religieuse : par leur sagesse, ils sont un maillon décisif dans le rapport entre les générations ».[145]

263. Il est vrai que les difficultés dont ils souffrent dans leur famille d'origine amènent beaucoup de jeunes à se demander si former une nouvelle famille vaut la peine, si être fidèles, être généreux vaut la peine. Je veux leur dire que oui, ça vaut la peine de parier sur la famille et qu'en elle, ils trouveront les meilleures stimulations pour grandir et les plus belles joies à partager. Ne vous laissez pas voler l'amour pour de vrai. Ne vous laissez pas tromper par ceux qui proposent une vie de débauche individualiste qui conduit finalement à l'isolement et à la solitude.

264. Aujourd'hui règne une culture du provisoire qui est une illusion. Croire que rien ne peut être définitif est une tromperie et un mensonge. Souvent, « il y a ceux qui disent qu'aujourd'hui le mariage est " démodé". [...] Dans la culture du provisoire, du relatif, beaucoup prônent que l'important c'est de "jouir" du moment, qu'il ne vaut pas la peine de s'engager pour toute la vie, de faire des choix définitifs [...]. Moi, au contraire, je vous demande d'être révolutionnaires, je vous demande d'aller à contre-courant ; oui, en cela je vous demande de vous révolter contre cette culture du provisoire, qui, au fond, croit que vous n'êtes

[145] *DF*, n. 32.

pas en mesure d'assumer vos responsabilités, elle croit que vous n'êtes pas capables d'aimer vraiment ».[146] J'ai confiance en vous, et pour cela je vous encourage à opter pour le mariage.

265. Il est nécessaire de se préparer pour le mariage, et cela requiert de s'éduquer soi-même, de développer les meilleures vertus, en particulier l'amour, la patience, la capacité de dialogue et de service. Cela implique aussi d'éduquer sa propre sexualité, pour qu'elle soit de moins en moins un moyen de se servir des autres et de plus en plus une capacité à se livrer pleinement à une personne, de manière exclusive et généreuse.

266. Les évêques de Colombie nous ont montré que « le Christ sait que les époux ne sont pas parfaits et qu'ils ont besoin de surmonter leur faiblesse et leur inconstance pour que leur amour puisse grandir et durer. Pour cela, il accorde aux époux sa grâce qui est, à la fois, une lumière et une force qui leur permet de réaliser leur projet de vie matrimoniale conformément au plan de Dieu ».[147]

267. Pour ceux qui ne sont pas appelés au mariage ou à la vie consacrée, il faut toujours se

[146] *Rencontre avec les volontaires des XXVIIIèmes Journées Mondiales de la Jeunesse à Río de Janeiro (28 juillet 2013)*: *L'Osservatore Romano*, éd. française, n. 31 du 1 août 2013, p. 20.

[147] Conférence Épiscopale de Colombie, *Mensaje Cristiano sobre el matrimonio* (14 mai 1981).

rappeler que la première vocation, et la plus importante, est la vocation baptismale. Les célibataires, même si ce n'est pas pour eux un choix intentionnel, peuvent devenir un témoignage particulier d'une telle vocation sur leur propre chemin de croissance spirituelle.

Le travail

268. Les Évêques des États-Unis ont souligné avec clarté que la jeunesse, ayant atteint l'âge de la majorité, « marque souvent l'entrée d'une personne dans le monde du travail. "Que fais-tu pour vivre?" est un sujet constant de conversation, parce que le travail est une partie très importante de leur vie. Pour les jeunes adultes, cette expérience est très fluide, parce qu'ils se déplacent d'un travail à un autre et ils vont même de carrière en carrière. Le travail peut définir l'utilisation du temps et il peut déterminer ce qu'ils peuvent faire ou acheter. Il peut également déterminer la qualité et la quantité du temps libre. Le travail définit et affecte l'identité et l'estime de soi d'un jeune adulte et c'est un lieu fondamental où se développent des amitiés et d'autres relations parce que, généralement, on ne travaille pas seul. Les jeunes hommes et femmes parlent du travail comme de l'accomplissement d'une fonction et comme quelque chose qui donne un sens. Il permet aux jeunes adultes de répondre à leurs besoins pratiques mais plus encore de chercher le sens et l'accomplissement de leurs rêves et de leurs visions. Bien que le travail puisse ne

pas aider à atteindre leurs rêves, il est important pour les jeunes adultes de cultiver une vision, d'apprendre à travailler d'une manière vraiment personnelle et satisfaisante pour leur vie, et de continuer à discerner l'appel de Dieu. ».[148]

269. Je demande aux jeunes de ne pas espérer vivre sans travailler, en dépendant de l'aide des autres. Cela ne fait pas de bien, parce que « le travail est une nécessité, il fait partie du sens de la vie sur cette terre, chemin de maturation, de développement humain et de réalisation personnelle. Dans ce sens, aider les pauvres avec de l'argent doit toujours être une solution provisoire pour affronter des urgences ».[149] Il en résulte que « la spiritualité chrétienne, avec l'admiration contemplative des créatures que nous trouvons chez saint François d'Assise, a développé aussi une riche et saine compréhension du travail, comme nous pouvons le voir, par exemple, dans la vie du bienheureux Charles de Foucauld et de ses disciples ».[150]

270. Le Synode a souligné que le monde du travail est un milieu où les jeunes « font l'expérience de formes d'exclusion et de marginalisation. La première et la plus grave est le chô-

[148] CONFÉRENCE DES *ÉVÊQUES* CATHOLIQUES DES *ÉTATS-UNIS*, *Sons and Daughters of Light: A Pastoral Plan for Ministry with Young Adult*, November 12, 1996, Part one, 3.

[149] Lett. enc. *Laudato si'* (24 mai 2015), n. 128: *AAS* 107 (2015), 898.

[150] *Ibíd.*, n. 125: *AAS* 107 (2015), 897.

mage des jeunes qui, dans certains pays, atteint des niveaux très élevés. Non seulement cela les rend pauvres, mais le manque de travail ôte aux jeunes la capacité de rêver et d'espérer et les prive de la possibilité d'apporter leur contribution au développement de la société. Dans de nombreux pays, cette situation dépend du fait que certaines couches de la population jeune sont dépourvues de qualifications professionnelles adéquates, notamment à cause des déficiences du système d'éducation et de formation. Souvent la précarité de l'emploi qui affecte les jeunes répond aux intérêts économiques qui exploitent le travail ».[151]

271. C'est une question très délicate que la politique doit considérer comme un sujet de premier ordre, particulièrement aujourd'hui où la rapidité des développements technologiques, jointe à l'obsession de réduire les coûts de la main d'œuvre, peut conduire rapidement à remplacer de nombreux postes de travail par des machines. Et il s'agit d'une question de société fondamentale, parce que le travail pour un jeune n'est pas simplement une tâche visant à obtenir des revenus. Il est l'expression de la dignité humaine, il est un chemin de maturation et d'insertion sociale, il est une stimulation permanente pour grandir en responsabilité et en créativité, il est une protection face à la tendance à l'individualisme et au confort, et il est aussi une

[151] *DF*, n. 40.

action de grâce à Dieu avec le développement de ses propres capacités.

272. Un jeune n'a pas toujours la possibilité de décider à quoi il va consacrer ses efforts, dans quelles tâches il va déployer ses énergies et sa capacité d'innover. Parce qu'en plus de ses désirs, et encore plus de ses capacités et du discernement que l'on réalise, se trouvent les dures limites de la réalité. Il est vrai que tu ne peux pas vivre sans travailler et que parfois tu dois accepter ce que tu trouves, mais ne renonce jamais à tes rêves, n'enterre jamais définitivement une vocation, ne te donne jamais pour vaincu. Continue toujours à chercher, au moins, de manière partielle ou imparfaite, à vivre ce que dans ton discernement tu reconnais comme une véritable vocation.

273. Quand l'on découvre que Dieu appelle à quelque chose, que l'on est fait pour cela – qu'il s'agisse de devenir infirmier(e), ou menuisier, ou de travailler dans la communication, l'enseignement, l'art ou de tout autre travail – alors on est capable de faire fleurir ses meilleures capacités de sacrifice, de générosité et de don de soi. Savoir que l'on ne fait pas les choses sans raison, mais avec un sens, comme réponse à un appel qui résonne au plus profond de son être pour apporter quelque chose aux autres, fait que ces tâches donnent à son propre cœur une expérience particulière de plénitude. Ainsi le disait l'ancien livre biblique de l'Ecclésiaste : « Je vois qu'il n'y a de bonheur pour l'homme qu'à se réjouir de ses œuvres » (*Qo* 3, 22).

274. Si nous partons de la conviction que l'Esprit continue à susciter des vocations au sacerdoce et à la vie religieuse, nous pouvons "jeter de nouveau les filets" au nom du Seigneur, en toute confiance. Nous pouvons oser, et nous devons le faire : dire à chaque jeune qu'il s'interroge sur la possibilité de suivre ce chemin.

275. Parfois j'ai fait cette proposition à des jeunes qui m'ont répondu presqu'avec dérision en disant : "Non, la vérité est que je ne vais pas de ce côté". Cependant, quelques années après, certains d'entre eux étaient au Séminaire. Le Seigneur ne peut pas manquer à sa promesse de laisser l'Église privée de pasteurs sans lesquels elle ne pourrait pas vivre et réaliser sa mission. Et si certains prêtres ne donnent pas un bon témoignage, ce n'est pas pour cela que le Seigneur cessera d'appeler. Au contraire, il double la mise parce qu'il ne cesse pas de prendre soin de son Église bien-aimée.

276. Dans le discernement d'une vocation, il ne faut pas exclure la possibilité de se consacrer à Dieu dans le sacerdoce, dans la vie religieuse ou dans d'autres formes de consécration. Pourquoi l'exclure ? Sois certain que, si tu reconnais un appel de Dieu et que tu le suis, ce sera ce qui te comblera.

277. Jésus marche parmi nous comme il le faisait en Galilée. Il passe par nos rues, s'arrête et

nous regarde dans les yeux, sans hâte. Son appel est attrayant, il est fascinant. Mais aujourd'hui, l'anxiété et la rapidité de nombreuses stimulations qui nous bombardent, font qu'il ne reste plus de place pour ce silence intérieur où l'on perçoit le regard de Jésus et où l'on écoute son appel. Pendant ce temps, t'arriveront de nombreuses propositions maquillées, qui semblent belles et intenses, même si, avec le temps, elles te laisseront vide, fatigué et seul. Ne laisse pas cela t'arriver, parce que le tourbillon de ce monde te pousse à une course insensée, sans orientation, sans objectifs clairs, et qu'ainsi beaucoup de tes efforts seront vains. Cherche plutôt ces espaces de calme et de silence qui te permettront de réfléchir, de prier, de mieux regarder le monde qui t'entoure, et alors, oui, avec Jésus tu pourras reconnaître quelle est ta vocation sur cette terre.

CHAPITRE 9

LE DISCERNEMENT

278. Sur le discernement en général, je me suis déjà arrêté dans l'Exhortation apostolique *Gaudete et exsultate.* Permettez-moi de reprendre certaines de ces réflexions, en les appliquant au discernement de sa propre vocation dans le monde.

279. Je rappelle que tout le monde, mais « spécialement les jeunes, sont exposés à un *zapping* constant. Il est possible de naviguer sur deux ou trois écrans simultanément et d'interagir en même temps sur différents lieux virtuels. Sans la sagesse du discernement, nous pouvons devenir facilement des marionnettes à la merci des tendances du moment ».[152] Et « cela devient particulièrement important quand apparaît une nouveauté dans notre vie et qu'il faudrait alors discerner pour savoir s'il s'agit du vin nouveau de Dieu ou bien d'une nouveauté trompeuse de l'esprit du monde ou de l'esprit du diable ».[153]

280. Ce discernement, « bien qu'il inclue la raison et la prudence, il les dépasse parce qu'il s'agit d'entrevoir le mystère du projet unique et inimi-

[152] Exhort. ap. *Gaudete et exsultate* (19 mars 2018), n. 167.
[153] *Ibid.*, n. 168.

table que Dieu a pour chacun […] Ce qui est en jeu, c'est le sens de ma vie devant le Père qui me connaît et qui m'aime, le vrai sens de mon existence que personne ne connaît mieux que lui ».[154]

281. Dans ce cadre, se situe la formation de la conscience qui permet au discernement de grandir en profondeur et dans la fidélité à Dieu. « Former la conscience est le cheminement de toute la vie, où l'on apprend à nourrir les mêmes sentiments que Jésus-Christ, en adoptant les critères de ses choix et les intentions de son action (cf. *Ph* 2, 5) ».[155]

282. Cette formation implique de se laisser transformer par le Christ, et elle est en même temps « une pratique habituelle du bien, vérifiée dans l'examen de conscience : un exercice où il ne s'agit pas seulement d'identifier ses péchés, mais aussi de reconnaître l'œuvre de Dieu dans sa propre expérience quotidienne, dans les événements de l'histoire et des cultures au sein desquelles nous vivons, dans le témoignage de tant d'hommes et de femmes qui nous ont précédés ou qui nous accompagnent par leur sagesse. Tout cela aide à grandir dans la vertu de prudence, en articulant l'orientation globale de l'existence avec les choix concrets, avec une lucidité sereine de ses dons et de ses limites ».[156]

[154] *Ibid.*, n. 170.
[155] *DF*, n. 108.
[156] *Ibid.*

283. Une expression du discernement est l'engagement pour reconnaître sa propre vocation. C'est une tâche qui requiert des espaces de solitude et de silence, parce qu'il s'agit d'une décision très personnelle que d'autres ne peuvent pas prendre pour quelqu'un : « Même si le Seigneur nous parle de manières variées, dans notre travail, à travers les autres et à tout moment, il n'est pas possible de se passer du silence de la prière attentive pour mieux percevoir ce langage, pour interpréter la signification réelle des inspirations que nous croyons recevoir, pour apaiser les angoisses et recomposer l'ensemble de l'existence personnelle à la lumière de Dieu ».[157]

284. Ce silence n'est pas une forme d'isolement, car « il faut rappeler que le discernement priant doit trouver son origine dans la disponibilité à écouter le Seigneur, les autres, la réalité même qui nous interpelle toujours de manière nouvelle. Seul celui qui est disposé à écouter possède la liberté pour renoncer à son propre point de vue partiel ou insuffisant [...]. De la sorte, il est vraiment disponible pour accueillir un appel qui brise ses sécurités mais qui le conduit à une vie meilleure, car il ne suffit pas que tout aille bien, que tout soit tranquille. Dieu pourrait être en train de nous offrir quelque chose de plus, et à cause de notre distraction dans la commodité, nous ne nous en rendons pas compte ».[158]

[157] Exhort. ap. *Gaudete et exsultate* (19 mars 2018), n. 171.
[158] *Ibid.*, n. 172.

285. Quand il s'agit de discerner sa propre vocation, il est nécessaire de se poser plusieurs questions. Il ne faut pas commencer par se demander où l'on pourrait gagner le plus d'argent, ou bien où l'on pourrait obtenir le plus de notoriété et de prestige social, ni commencer par se demander quelles tâches donneraient plus de plaisir à quelqu'un. Pour ne pas se tromper, il faut commencer d'un autre lieu, et se demander : Est-ce que je me connais moi-même, au-delà des apparences et de mes sensations ? ; est-ce-que je sais ce qui rend mon cœur heureux ou triste ? ; quelles sont mes forces et mes faiblesses ? Immédiatement suivent d'autres questions : comment puis-je servir au mieux et être plus utile au monde et à l'Église ? ; quelle est ma place sur cette terre ? ; qu'est-ce que je pourrais offrir à la société ? ; puis d'autres suivent très réalistes: est-ce que j'ai les capacités nécessaires pour assurer ce service ? ; ou est-ce que je pourrais développer les capacités nécessaires ?

286. Ces questions doivent se situer non pas tant en rapport avec soi-même et ses inclinations, mais en rapport avec les autres, face à eux, de manière à ce que le discernement pose sa propre vie en référence aux autres. Pour cela, je veux rappeler quelle est la grande question : "Tant de fois, dans la vie, nous perdons du temps à nous demander : « Mais qui suis-je ? ». Mais tu peux te demander qui tu es et passer toute la vie en cherchant qui tu es. Demande-toi plutôt : « *Pour qui*

suis-je ? »".[159] Tu es pour Dieu, sans aucun doute. Mais il a voulu que tu sois aussi pour les autres, et il a mis en toi beaucoup de qualités, des inclinations, des dons et des charismes qui ne sont pas pour toi, mais pour les autres.

L'appel de l'Ami

287. Pour discerner sa propre vocation, il faut reconnaître que cette vocation est l'appel d'un ami : Jésus. A ses amis, si on leur offre quelque chose, on leur offre le meilleur. Et ce meilleur n'est pas nécessairement la chose la plus coûteuse ou la plus difficile à obtenir, mais celle dont on sait qu'elle donnera de la joie à l'autre. Un ami perçoit cela avec tant de clarté qu'il peut visualiser dans son imagination le sourire de son ami quand il ouvre son cadeau. Ce discernement d'amitié est ce que je propose aux jeunes comme modèle s'ils cherchent à trouver quelle est la volonté de Dieu pour leur vie.

288. Je voudrais qu'ils sachent que lorsque le Seigneur pense à chacun, dans ce qu'il souhaiterait lui offrir, il pense à lui comme à son ami personnel. Et s'il a prévu de t'offrir une grâce, un charisme qui te fera vivre ta vie à plein et te transformera en une personne utile pour les autres, en

[159] *Discours de la veillée de prière en préparation des XXXIV Journées Mondiales de la Jeunesse*, Basilique de Sainte Marie Majeure, (8 avril 2017): *AAS* 109 (2017), 447: *L'Osservatore Romano*, éd. française, n. 15 du 13 avril 2017, p. 6.

quelqu'un qui laissera une trace dans l'histoire, ce sera sûrement quelque chose qui te réjouira au plus profond de toi et qui t'enthousiasmera plus que toute chose au monde. Non pas parce qu'il va te donner un charisme extraordinaire ou rare, mais parce qu'il sera juste à ta mesure, à la mesure de ta vie entière.

289. Le don de la vocation sera sans aucun doute un don exigeant. Les dons de Dieu sont interactifs et pour en profiter tu dois mettre beaucoup en jeu, tu dois risquer. Mais ce ne sera pas l'exigence d'un devoir imposé par un autre de l'extérieur, mais quelque chose qui te stimulera à grandir et à choisir que ce don mûrisse et devienne un don pour les autres. Quand le Seigneur suscite une vocation, il ne pense pas seulement à ce que tu es, mais à tout ce que tu pourras parvenir à être avec lui et avec les autres.

290. La puissance de la vie et la force de sa propre personnalité se nourrissent mutuellement à l'intérieur de chaque jeune et le poussent à aller au-delà de toutes limites. L'inexpérience permet que cela arrive, même si rapidement cela se transforme en expérience, très souvent douloureuse. Il est important de mettre en contact ce désir de « l'infini du commencement pas encore mis à l'épreuve »[160] avec l'amitié inconditionnelle que nous offre Jésus. Avant toute loi et tout devoir, ce

[160] Romano Guardini, *Le età della vita*, in *Opera omnia* IV, 1, éd. Morcelliana, Brescia 2015, 209.

que Jésus nous propose pour choisir est le fait de suivre, comme le font des amis qui se suivent et se cherchent et se trouvent par pure amitié. Tout le reste vient après, et même les échecs de la vie peuvent être une expérience inestimable de cette amitié qui jamais ne se brise.

Ecoute et accompagnement

291. Il y a des prêtres, des religieux, des religieuses, des laïcs, des professionnels, et même des jeunes formés, qui peuvent accompagner les jeunes dans leur discernement vocationnel. Quand il nous incombe d'aider l'autre à discerner le chemin de sa vie, la première chose est d'écouter. Et cette écoute suppose trois sensibilités ou attentions distinctes et complémentaires:

292. La *première sensibilité* ou attention est à *la personne*. Il s'agit d'écouter l'autre qui se donne lui-même à nous dans ses paroles. Le signe de cette écoute est le temps que je consacre à l'autre. Ce n'est pas une question de quantité, mais que l'autre sente que mon temps est à lui: celui dont il a besoin pour m'exprimer ce qu'il veut. Il doit sentir que je l'écoute inconditionnellement, sans m'offenser, sans me scandaliser, sans m'ennuyer, sans me fatiguer. Cette écoute est celle que le Seigneur exerce quand il se met à marcher à côté des disciples d'Emmaüs et qu'il les accompagne un long moment par un chemin qui allait dans la direction opposée à la bonne direction (cf. *Lc* 24, 13-35). Quand Jésus fait le mouvement d'aller de

l'avant parce qu'ils sont arrivés à leur maison, là ils comprennent qu'il leur a offert son temps, et alors ils lui offrent le leur, en lui donnant l'hébergement. Cette écoute attentive et désintéressée indique la valeur que l'autre personne a pour nous, au-delà de ses idées et de ses choix de vie.

293. La *seconde sensibilité* ou attention est *celle de discerner*. Il s'agit d'épingler le moment précis où l'on discerne la grâce ou la tentation. Parce que parfois les choses qui traversent notre imagination ne sont que des tentations qui nous détournent de notre véritable chemin. Ici, je dois me demander ce que cette personne me dit exactement, ce qu'elle veut me dire, ce qu'elle désire que je comprenne de ce qui se passe. Ce sont des questions qui aident à comprendre où s'enchainent les arguments qui meuvent l'autre et à sentir le poids et le rythme de ses affections influencées par cette logique. Cette écoute vise à discerner les paroles salvatrices du bon Esprit, qui nous propose la vérité du Seigneur, mais également les pièges du mauvais esprit – ses erreurs et ses séductions –. Il faut avoir le courage, la tendresse et la délicatesse nécessaires pour aider l'autre à reconnaître la vérité et les mensonges ou les prétextes.

294. La *troisième sensibilité* ou attention vise à écouter les impulsions que l'autre expérimente "en avant". C'est l'écoute profonde de "ce vers quoi l'autre veut vraiment aller". Au-delà de ce qu'il sent et pense dans le présent, de ce qu'il a

fait dans le passé, l'attention vise ce qu'il voudrait être. Parfois cela implique que la personne ne regarde pas tant ce qui lui plaît, ses désirs superficiels, mais ce qui plaît plus au Seigneur, son projet pour sa propre vie qui s'exprime dans une inclination du cœur, au-delà de l'enveloppe des goûts et des sentiments. Cette écoute est attention à l'intention ultime, celle qui en définitive décide de la vie, parce qu'il existe Quelqu'un comme Jésus qui entend et évalue cette intention ultime du cœur. C'est pourquoi il est toujours disposé à aider chacun pour qu'il la reconnaisse, et pour cela il suffit que quelqu'un lui dise : "Seigneur, sauve-moi ! Aie pitié de moi !".

295. Alors oui, le discernement devient un instrument de lutte pour mieux suivre le Seigneur.[161] De cette manière, le désir de reconnaître sa propre vocation acquiert une intensité suprême, une qualité différente et un niveau supérieur, qui répond beaucoup mieux à la dignité de sa propre vie. Parce qu'en définitive un bon discernement est un chemin de liberté qui fait apparaître ce que chaque personne a d'unique, ce qui est vraiment soi, vraiment personnel, que Dieu seul connaît. Les autres ne peuvent ni pleinement comprendre ni anticiper de l'extérieur comment cela se développera.

296. C'est pourquoi, quand on écoute l'autre de cette manière, à un moment donné, on doit dis-

[161] Cf. Exhort. ap. *Gaudete et exsultate* (19 mars 2018), n. 169.

paraître pour le laisser poursuivre ce chemin qu'il a découvert. C'est disparaître comme le Seigneur disparaît à la vue de ses disciples et les laisse seuls avec la brûlure du cœur qui devient un élan irrésistible de se mettre en chemin. (cf. *Lc* 24, 31-33). Au retour dans la communauté, les disciples d'Emmaüs recevront la confirmation que vraiment le Seigneur est ressuscité (cf. *Lc* 24, 34).

297. Etant donné que « le temps est supérieur à l'espace »,[162] il est nécessaire de susciter et d'accompagner des processus, et non pas d'imposer des parcours. Et ce sont des processus de personnes qui sont toujours uniques et libres. C'est pourquoi il est difficile d'établir des règles, même lorsque tous les signes sont positifs, parce qu' « il importe de soumettre ces mêmes facteurs positifs à un discernement attentif, pour ne pas les isoler l'un de l'autre et ne pas les mettre en opposition entre eux, comme s'ils étaient des absolus en opposition. Il en est de même pour les facteurs négatifs : il ne faut pas les rejeter en bloc et sans distinction, parce qu'en chacun d'eux peut se cacher une valeur qui attend d'être libérée et rendue à sa vérité totale ».[163]

298. Mais pour accompagner les autres sur ce chemin, tu as d'abord besoin d'avoir l'habitude

[162] Exhort. ap. *Evangelii gaudium* (24 novembre 2013), n. 222: *AAS* 105 (2013), 1111.

[163] Saint Jean-Paul II, Exhort. ap. postsynodale. *Pastores dabo Vobis* (25 mars 1992), n. 10: *AAS* 84 (1992), 672.

de le parcourir toi-même. Marie l'a fait, en affrontant ses questions et ses propres difficultés quand elle était très jeune. Qu'elle renouvelle ta jeunesse avec la force de sa prière et qu'elle t'accompagne toujours avec sa présence de Mère.

* * *

Et pour conclure... un désir

299. Chers jeunes, je serai heureux en vous voyant courir plus vite qu'en vous voyant lents et peureux. Courez, « attirés par ce Visage tant aimé, que nous adorons dans la sainte Eucharistie et que nous reconnaissons dans la chair de notre frère qui souffre. Que l'Esprit Saint vous pousse dans cette course en avant. L'Église a besoin de votre élan, de vos intuitions, de votre foi. Nous en avons besoin! Et quand vous arriverez là où nous ne sommes pas encore arrivés, ayez la patience de nous attendre ».[164]

Donné à Lorette, près du Sanctuaire de la Sainte Maison,
le 25 mars, Solennité de l'Annonciation du Seigneur
de l'année 2019,
la septième de mon Pontificat.

Franciscus

[164] *Rencontre et prière avec les jeunes italiens au Cirque Massimo de Rome* (11 août 2018): *L'Osservatore Romano*, éd. française, n. 34 du 23 août 2018, p. 8.

INDEX

Chapitre 4

LA GRANDE ANNONCE POUR TOUS LES JEUNES [111]

Chapitre 5

CHEMINS DE JEUNESSE [134-135]

Chapitre 6

DES JEUNES AVEC DES RACINES [179]

Chapitre 7

LA PASTORALE DES JEUNES [202]

Chapitre 8

LA VOCATION [248-249]

Chapitre 9

LE DISCERNEMENT [278-282]

LA CIVILTÀ
CATTOLICA
REVUE PARAISSANT EN FRANÇAIS 10 FOIS PAR AN

ABONNEMENT

FRANCE-SUISSE-BELGIQUE-ZONE EURO

1 an : 100 € / 110 Frs – 2 ans : 190 € / 210 Frs – 3 ans : 280 € / 310 Frs
le numéro 11 €

AUTRES PAYS

1 an : 180 € – 2 ans : 350 € – 3 ans : 510 €
le numéro 19 €

L'abonnement est à régler par virement ou par chèque à l'ordre de Parole et Silence / La Civiltà Cattolica

★

France
Éditions Parole et Silence – 60 rue de Rome – F-75008 Paris
Banque Martin Maurel
IBAN : FR76 1336 9000 0660 7894 5101 384
BIC : BMMMFR2A

Suisse
Éditions Parole et Silence – Le Muveran – CH-1880 Les Plans sur Bex
Banque Cantonale du Valais
IBAN : CH77 0076 5000 U085 5724 7
SWIFT / BIC : BCVSCH2LXXX

www.paroleetsilence.com
paroleetsilence@omedia.ch

TYPOGRAPHIE VATICANE

Achevé d'imprimer par Corlet Numéric, Z.A. Charles Tellier, 14110 Condé-en-Normandie
N° d'imprimeur : 156486 - Dépôt légal : avril 2019 — *Imprimé en France*